MIGUEL LEÓN-PORTILLA

A VISÃO DOS VENCIDOS

A TRAGÉDIA DA CONQUISTA NARRADA PELOS ASTECAS

Tradução de Carlos Urbim e Jacques Wainberg

www.lpm.com.br

L&PM POCKET

Coleção **L&PM** POCKET, vol. 1370

Texto de acordo com a nova ortografia.
Título original: *Visión de los vencidos*

Tradução: Carlos Urbim e Jacques Wainberg
Capa: Ivan Pinheiro Machado
Preparação: Nanashara Behle

CIP-Brasil. Catalogação na publicação
Sindicato Nacional dos Editores de Livros, RJ.

L611v

León-Portilla, Miguel, 1926-2019
A visão dos vencidos: a tragédia da conquista narrada pelos astecas / Miguel León-Portilla; tradução Carlos Urbim, Jacques Wainberg. – 1. ed. – Porto Alegre [RS]: L&PM, 2024.
240 p. : il. ; 18 cm. (L&PM POCKET)

Tradução de: *Visión de los vencidos*
ISBN 978-65-5666-510-8

1. México - História - Conquista, 1519-1540. 2. Astecas - Narrativa. I. Urbim, Carlos. II. Wainberg, Jacques. III. Título. IV. Série.

24-93055 CDD: 972.01
CDU: 9(=822.21)

Gabriela Faray Ferreira Lopes - Bibliotecária - CRB-7/6643

Rua Comendador Coruja, 314, loja 9 – Floresta – 90.220-180
Porto Alegre – RS – Brasil / Fone: 51.3225.5777

Pedidos & Depto. Comercial: vendas@lpm.com.br
Fale conosco: info@lpm.com.br
www.lpm.com.br

Impresso na Gráfica e Editora Pallotti, Santa Maria, RS, Brasil
Primavera de 2024

Miguel León-Portilla (1926-2019)

Miguel León-Portilla antropólogo e historiador, nasceu na Cidade do México e, desde muito jovem, interessou-se pelos povos originários de seu país. Estudou no Instituto de Ciências de Guadalajara e na Jesuit Loyola University, em Los Angeles. Chegou a começar os estudos em Direito, mas graças a seu tio, o arqueólogo Manuel Gamio, passou a trabalhar no Instituto Indígena Interamericano. Em 1956 defendeu sua tese de doutorado sobre o pensamento dos nahuátl, povo originário da Mesoamérica, que em seguida foi publicada no México e em vários outros países. Foi professor emérito da Universidade Autônoma do México (UNAM). Escreveu cerca de quarenta livros e 150 artigos nos quais ia além da lógica eurocêntrica da historiografia da conquista e da colonização das Américas, reconhecendo e valorizando os diferentes grupos indígenas.

Recebeu diversos prêmios e honrarias, como a Medalha de Honra Belisario Domínguez (a mais alta condecoração do Senado mexicano); foi eleito membro da Academia Nacional de Ciências dos Estados Unidos; de 1987 a 1992 foi delegado do México na Unesco (período em que cinco sítios pré-colombianos no México foram incluídos na lista de Patrimônio Mundial da entidade); em 2013 recebeu o prêmio Lenda Viva do Congresso dos Estados Unidos, além de ter sido membro da Academia Mexicana de Línguas e da Academia Mexicana de História. *A visão dos vencidos*, publicado em 1959, é sua obra mais difundida.

Sumário

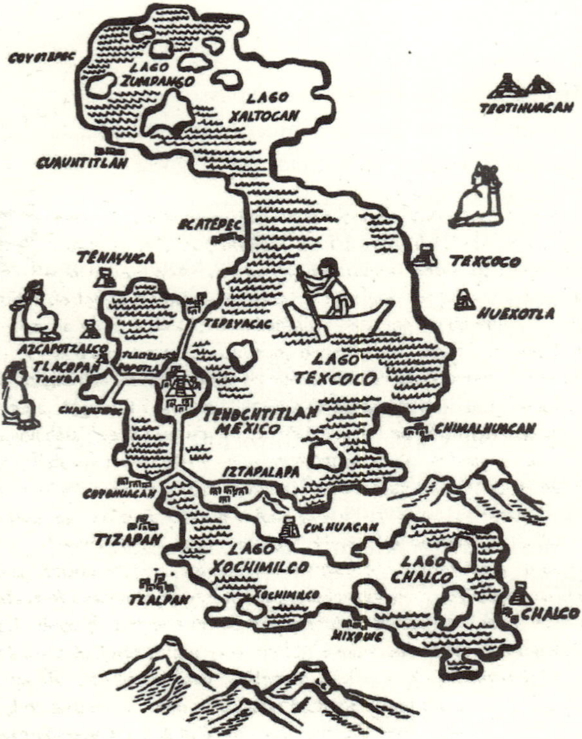

Tenochtitlán em 1519

Introdução geral

E tudo isso se passou conosco...

Revelação e assombro, para os europeus dos séculos XVI e XVII, foram as crônicas, notícias e relatos dos descobridores e conquistadores do Novo Mundo. A Europa – continente antigo, possuidor de longa história – mostrou avidez por conhecer as estranhas formas de viver desses "povos bárbaros", recém-descobertos.

Os dados trazidos, com espontaneidade e com distorções, pelos "cronistas das índias" foram recebidos na Europa com o mais vivo interesse. Algumas vezes converteram-se em temas de controvérsia, mas nunca deixaram de ser objeto de reflexão. Não só os conquistadores ou os religiosos missionários, mas também os sábios e humanistas europeus, os historiadores reais, tentaram forjar imagens adequadas das diversas realidades físicas e humanas existentes no Novo Mundo.

Os resultados foram diversos. Houve "projeções" de ideias velhas. Pensou-se, por exemplo, que determinados indígenas eram na realidade os descendentes das tribos perdidas dos judeus. Esse é o caso do frei Diego de Durán a propósito do mundo náhuatl.[1] Outras vezes os relatos e histórias eram uma apologia mais ou menos consciente da Conquista, como no caso de Hernán Cortez. Em algumas crônicas os índios aparecem como uma

1. Nome com o qual os astecas se autodenominavam. (N.E.)

gente bárbara, como idólatras entregues à antropofagia e à sodomia, ao passo que em outras são descritos como modelos de virtudes naturais.

Aproveitando as crônicas e relatos, logo escreveram-se na Europa histórias sob o critério humanista típico de cada época. Bastaria recordar as décadas[2] *De Orbe Novo* do célebre Pedro Mártir de Anglería, em que tantas vezes expressa sua admiração ao descrever as artes e formas de vida dos índios. Ou o impressionante acúmulo de informações em primeira mão sobre as índias que o cronista real Antonio de Herrera recolheu e incorporou à sua *História geral*. Em resumo, pode-se dizer que a historiografia, não somente a espanhola ou a portuguesa, mas também a francesa, inglesa, alemã e italiana, ganhou uma vida nova ao fazer objeto de seu estudo as coisas naturais e humanas do Novo Mundo.

Mas, diante desse inegável espanto e interesse do mundo antigo pelas coisas e os homens deste continente, rara vez pensa-se na admiração e interesse recíprocos que deve ter despertado nos índios a chegada dos que vinham de um mundo igualmente desconhecido. Porque se é atraente estudar as diversas formas como os europeus conceberam os índios, o problema inverso, que leva ao fundo do pensamento indígena – tão distante e tão próximo de nós –, encerra um interesse talvez ainda maior. O que pensaram os índios ao ver chegarem às costas e aos povoados os descobridores e conquistadores? Quais foram as suas primeiras atitudes? Que sentido deram à sua luta? Como conceberam a sua própria derrota?

É certo que essas perguntas não podem ser respondidas em todos os casos. Mas, ao menos, haverá algumas respostas, ao tratar-se das culturas indígenas

2. Décadas, no caso, referem-se às seções da obra citada. (N.T.)

que alcançaram maior desenvolvimento. Os textos e pinturas indígenas, por uma parte, e os relatos espanhóis, por outra, constituirão as duas faces distintas do espelho histórico em que se reflete a Conquista. Como é natural, as imagens logradas por índios e espanhóis mostrarão grandes variações. Não obstante condenações e incompreensões mútuas, ambos os tipos de imagens são no fundo intensamente humanas. Como tais, devem ser estudadas sem prejuízo. Porque seu exame sereno, além de simpatias ou aversões, ajudará a compreender a raiz do México atual, consequência viva do encontro violento desses dois mundos.[3]

Dentro da Mesoamérica,[4] as culturas maia e náhuatl são as que oferecem o mais amplo testemunho indígena da Conquista. Ambas foram culturas com história, escrita e transmissão oral. Uma breve menção do interesse que esses povos indígenas tinham pela história manifestará com clareza o porquê de seu empenho em conservar sua própria visão da Conquista.

---

3. No volume 2 da Biblioteca do Estudante Universitário (Edição Universidade Autônoma do México), Agustin Yánez publicou uma seleção de alguns dos principais relatos espanhóis sobre a Conquista, aos quais acrescentou a crônica maia de Chac-Xulub-Chen. Ver *Crónicas de la Conquista*, Introdução, seleção e notas de A. Yánez, 2ª edição, Biblioteca do Estudante Universitário, n. 2, UNAM, México, 1950.
Principalmente a leitura do relato de Andrés de Tapia e das seções das *Cartas de Relación de Cortez, assim como da Historia Verdadera de Bernal Díaz*, que se incluem nesse volume, já mostra vários aspectos fundamentais da "imagem espanhola la Conquista". A outra "face do espelho" é oferecida pelos textos indígenas nahuas que aqui são publicados. (N.A.)

4. América Central, incluindo a região que foi habitada pelos maias. (N.T.)

Interesse pela história do mundo indígena

Os marcos de pedra maias[5] e outros monumentos comemorativos maias e nahuas, manuscritos históricos xiuhámatl, "livros dos anos" do mundo náhuatl pré-hispânico, redigidos com base numa escrita principalmente ideográfica e incipientemente fonética, dão testemunho do grande interesse que levava, entre outros, nahuas e maias a preservarem o registro de fatos passados de alguma importância. Complemento desses antecedentes históricos eram os textos fielmente memorizados nos centros pré-hispânicos de educação, onde eram ensinadas aos estudantes, além de outros conteúdos, as velhas histórias a respeito do que havia acontecido, ano a ano, tal como relatavam os seus manuscritos.

Com um único depoimento podemos fundamentar o apreço indígena por conservar sua história, tomado de quem, sem pretender a louvação dos índios, recolheu em pleno século XVI, melhor do que ninguém, relatos e notícias relacionados com a *Historia general de los hechos de los castellanos en las Islas y Tierra Firme del Mar Oceano*, ou seja, o cronista-mor de Felipe II, dom Antonio de Herrera. Escusada seja uma longa referência para demonstrar o interesse do texto. Assim escreve Herrera no livro X de sua Década quarta:

> Conservavam as Nações de Nova Espanha a memória de suas antigualhas. Em Yucatán e em Honduras havia uns Livros de Hojas, encadernados, em que tinham os índios a distribuição de seus tempos, o conhecimento das Plantas, os Animais e outras coisas naturais.

---

5. No original, *estelas mayas*: marco, monumento comemorativo. (N.T.)

Na Província do México tinham sua Livraria, Histórias e os *Kalendarios*[6] sobre o qual pintavam; as (histórias) que tinham Figuras, com suas próprias imagens e com outros Caracteres; as que não tinham Imagens próprias: assim figuravam o que queriam.

E para a memória do tempo, em que acontecia cada coisa, tinham aquelas Rodas, que eram cada uma de um Século de cinquenta e dois Anos; e ao lado dessas Rodas, conforme o Ano, em que sucediam coisas memoráveis, iam pintando fatos com as Pinturas e os Caracteres, assim como iam colocando um Homem pintado com um *Sombrero*, e um *Saio* colorado,[7] no Signo da Cana, que corria então, e foi como assinalaram o Ano em que os Castelhanos entraram em sua Terra, e assim em todos os demais eventos.

E como suas Figuras não eram tão suficientes, como a nossa Escrita, não podiam concordar pontualmente com as palavras, senão no substancial dos conceitos: mas usavam aprender de cor Arengas, Parlamentos e Cantares. Tinham grande curiosidade; os Rapazes tomavam tudo de memória, e por isso tinham Escolas, onde os Anciãos ensinavam aos Moços essas coisas que, por tradição, sempre se conservaram muito inteiras.

E logo que entraram os Castelhanos naquela Terra, que ensinaram a Arte de Escrever, os índios escreveram suas Orações e Cantares, como entre eles

6. *Kalendarios*, em espanhol arcaico, livros de registros de nascimentos e óbitos, principalmente das dinastias nobres. (N.T.)

7. *Saio*: espécie de calção usado pelos espanhóis da época. (N.T.)

> eram praticados desde a sua maior antiguidade: com seus próprios Caracteres e Figuras escreviam esses discursos, e da mesma maneira escreviam o Pater Noster, e a Ave Maria, e toda a Doutrina Cristã.[8]

Pois bem, nahuas e maias que tanto empenho faziam e "tanta curiosidade tinham" em "conservar a memória de suas antigualhas" não deixaram morrer o registro – sua própria visão – do mais impressionante e trágico dos acontecimentos: a Conquista feita por homens estranhos, que acabariam por destruir para sempre suas antigas formas de vida. O presente livro – espécie de antologia de textos e pinturas – oferece algumas manifestações das várias imagens que os índios de idioma náhuatl de Tenochtitlán, Tlatelolco, Tezcoco, Chalco e Tlaxcala formaram a respeito de Cortez e dos espanhóis, da Conquista e da destruição da capital asteca e sua cultura.

Um trabalho semelhante poderiam preparar também os maístas,[9] que dispõem também de relatos indígenas da Conquista, entre outros, os contidos nos *Anais dos Xahil*, nos *Títulos da Casa Ixquin-Nehaip*, na *Crônica de Chac-Xulub-Chen* e, ao menos fragmentariamente, em alguns dos livros dos *Chilam Balam*.

Fique a realização de tão interessante estudo para os que se ocupam em investigar a grande cultura maia. Cabe-nos tratar agora, com brevidade que exige esta introdução, da origem e do modo como foram escritos e

8. Herrera, Antonio de. *Historia general de los hechos de los castellanos en las Islas y Tierra Firme del Mar Oceano*, Década IV, liv. X, t.1 Vfi Editorial Guaranía, Buenos Aires, Argentina, p. 130-131. (N.A.)

9. No original, *maystas*: estudiosos da cultura maia. (N.T.)

pintados os vários depoimentos deixados por homens de cultura náhuatl, vários deles testemunhas da Conquista, e que constituem o que temos chamado de uma *Visão dos vencidos*.

Relatos e pinturas nahuas sobre a Conquista

Frei Toribio de Benavente, Motolinía, chegado ao México-Tenochtitlán em junho de 1524, integrante do célebre grupo dos doze franciscanos vindos à Nova

O Vale do México em 1519

Espanha, é o primeiro a descobrir o interesse que os índios tiveram em conservar suas próprias lembranças a respeito da Conquista. Eis aqui as palavras de Motolinía, no início do Tratado Terceiro da sua *História dos índios da Nova Espanha*:

> Muito notaram estes ingênuos índios, entre as narrativas de seus anos, o ano que vieram e entraram nesta terra os espanhóis, como coisa muito notável e que a princípio causou-lhes um espanto muito grande e muita admiração. Ver uma gente vinda por água (o que eles nunca haviam visto, nem ouvido que se pudesse fazer), de traje tão diferente do seu, tão impetuosos e animados, tão poucos a entrar por todas as províncias desta terra com tanta autoridade e ousadia, como se todos os nativos fossem seus vassalos. Assim mesmo admiravam-se e espantavam-se ao ver os cavalos e o que os espanhóis faziam em cima deles... Aos espanhóis chamaram de *teteuh*, que quer dizer deuses, e os espanhóis, corrompendo o vocábulo, diziam *taules*... Ainda assim os índios assinalaram e registraram o ano em que os doze frades vieram juntos...[10]

Na atualidade conservam-se vários desses relatos nahuas em que, como observa Motolinía, os índios consignaram a vinda dos espanhóis e os principais acontecimentos da Conquista. Esses relatos e pinturas, junto com várias outras histórias escritas um pouco mais tarde também por indígenas, são no conjunto mais de doze.

---

10. Benavente, Fray Toribio de (Motolinía). *Historia de los indios de la Nueva España*. Editorial Salvador Chávez Hayhoe, México, 1941, p. 161-162. (N.A.)

De desigual importância, antiguidade e extensão, são suficientes para estudar algumas manifestações características da imagem que os índios formaram em relação à Conquista. Descreveremos brevemente os principais desses relatos, levando em conta tanto a sua antiguidade como a sua maior ou menor extensão.

a) Cantares sobre a Conquista

É provável que os mais antigos testemunhos indígenas sobre a conquista tenham encontrado natural expressão em vários cantares, compostos em estilo antigo por alguns dos poucos *cuicapicque* ou poetas nahuas sobreviventes. Assim, para não citar outros, podem ser lembrados pelo menos aqueles dois poemas verdadeiros exemplos dos chamados *icnocuícatl*, cantos tristes, ou elegias, no primeiro dos quais são descritos os últimos dias do sítio a Tenochtitlán, enquanto que o segundo narra como o povo *mexícatl* chegou ao fim. Copiamos aqui apenas algumas estrofes de cada um dos citados poemas, para mostrar qual foi a reação dos índios ao contemplarem, já destruídos, o seu mundo e a sua antiga forma de vida:

Nos caminhos jazem lanças quebradas,
Os cabelos estão espalhados.
Destelhadas estão as casas,
Ensanguentados têm seus muros.

Vermes pululam por ruas e praças,
e as paredes estão salpicadas de miolos.
Vermelhas estão as águas, como se fossem tingidas,
e quando as bebemos é como se bebêssemos água de salitre.

Batíamos, insistentes, nos muros de adobe,
e era nossa herança uma rede de buracos.
Os escudos foram a sua proteção,
mas nem com os escudos pôde ser impedida a solidão...[11]

Chorai, amigos meus,
entendei que com esses eventos
perdemos a nação mexícatl.
A água está azeda, azedou a comida!
Isto é o que fez o Doador da Vida em Tlatelolco...[12]

Como indica o dr. Ángel Ma. Garibay, ao analisar esses documentos na sua *História da literatura náhuatl*, para a composição do segundo poema poderia fixar-se a data de 1523 e para o primeiro o ano seguinte, 1524.[13]

b) O relato anônimo de Tlatelolco (1528)

Mas, além dos poemas, existem os relatos genuinamente indígenas, escritos em 1528. Verdadeiramente importante neste sentido é o manuscrito 22 da Biblioteca Nacional de Paris, conhecido sob o título de *Alguns anais históricos da nação mexicana*, escrito em náhuatl por autores anônimos de Tlatelolco em 1528. Tão valioso testemunho põe a descoberto um fato certamente extraordinário: o de um grupo de índios que, antes da própria fundação do Colégio de Santa Cruz, chegou a conhecer com perfeição o alfabeto latino e dele serviu-se para registrar por

---

11. *Ms. anônimo de Tlatelolco* (1528), edição fac-similar de E. Mengin, Copenhague, 1945, vol. 33. (N.A.)

12. *Ms. Cantares mexicanos*, edição fac-similar de A. Penafiel, México, 1904, fol. 54. (N.A.)

13. Garibay K., Angel Ma. *Historia de la literatura náhuatl*, 2 vols., Editorial Porrúa, México, 1953-54, t. II, p. 90-92. (N.A.)

escrito diversas lembranças de seus tempos passados e sobretudo a sua visão sobre a Conquista.

Se como documento esses anais são valiosos, do ponto de vista literário e humano são ainda mais, porque neles expressa-se pela primeira vez com não poucos detalhes o quadro da destruição da cultura náhuatl, tal como foi vista por alguns de seus sobreviventes. A versão castelhana desse texto, preparada por Garibay com base na reprodução fac-similar do mencionado manuscrito da Biblioteca Nacional de Paris, inclui-se integralmente, no que se refere à Conquista, no capítulo XIV deste livro. No elenco bibliográfico que aparece ao final desta obra, encontram-se as referências correspondentes, tanto da versão castelhana quanto da outra em alemão, assim como da reprodução fac-similar de tão importante testemunho.

c) Depoimentos dos informantes de Sahagún

Segue em importância e antiguidade ao texto de 1528 o muito mais amplo relatório da Conquista que, sob a orientação do frei Bernardino de Sahagún, foi redigido em idioma náhuatl por vários de seus alunos indígenas de Tlatelolco, aproveitando os informes de velhos índios, testemunhas da Conquista. Segundo parece, a primeira redação deste texto "em linguagem indígena, tão tosca quanto foi pronunciada por eles", como escreve Sahagún, foi concluída em 1555. Posteriormente frei Bernardino fez um resumo castelhano do Relato. Desgraçadamente, essa primeira redação em náhuatl de 1555 extraviou-se. É conhecida, no entanto, uma segunda redação também em náhuatl concluída em 1585, na qual, conforme Sahagún, foram feitas várias correções, já que na primeira versão "colocaram algumas coisas que foram mal colocadas e calaram sobre outras que foram mal caladas...".

Como escreveu o dr. Garibay, não é possível dizer se o texto ganhou ou perdeu com essa emenda, embora não conheçamos o primitivo.[14] O fato é que, tal como hoje é conservada, a memória da Conquista, recolhida pelos informantes de Sahagún, constitui o testemunho mais amplo deixado pelos índios. Abarca desde os vários presságios que apareceram quando "ainda não haviam vindo os espanhóis a esta terra" (incluídos no capítulo I deste livro) até um dos discursos "com que dom Hernando Cortez admoestou a todos os senhores do México, Tezcoco e Tlacopan", exigindo deles a entrega do ouro e dos seus vários tesouros.

Neste livro incorporam-se numerosas seções de tão valioso testemunho. Da mesma maneira que no caso anterior, são oferecidas no final as referências bibliográficas correspondentes.

d) Principais depoimentos pictográficos

Tanto no que se refere à obra dos informantes de Sahagún como em várias outras recompilações realizadas pelos índios, encontramos a sobrevivência de sua antiga maneira de escrever a história, com base nas pinturas. Mencionamos aqui tão somente alguns dos principais trabalhos neste sentido: as pinturas correspondentes ao texto náhuatl dos informantes de Sahagún, que hoje em dia conservam-se no *Códice florentino*. O célebre *Lienzo de Tlaxcala*, de meados do século XVI, que oferece em oitenta quadros um relato dos tlaxcaltecas, aliados dos conquistadores. A série de pinturas do impropriamente chamado *Manuscrito de 1576* (já que nele aparecem dados posteriores à data citada), conhecido também com o

14. Garibay K., Ángel Ma. "Introducción al libro Doce", na *Historia general de las cosas de Nueva España*, 4 vols., Editorial Porrúa, México, 1956, t. IV, p. 10. (N.A.)

nome de *Códice Aubin*, no qual, ao lado de importantes textos, conservam-se também ilustrações alusivas. Há ainda desenhos de clara procedência indígena no manuscrito conhecido como *Códice Ramirez*, devido provavelmente à recompilação de dados feita pelo jesuíta Juan de Tovar em anos anteriores a 1580, assim como na obra do frei Diego de Durán, que, como se sabe, teve acesso a muitos outros testemunhos indígenas hoje desaparecidos.

Dessas fontes pictográficas provêm as ilustrações que se incluem no presente livro e que foram copiadas pela pena hábil de Alberto Beltrán.

e) Outros relatos indígenas mais breves

Além das já mencionadas fontes pictográficas, existem vários outros relatos indígenas de menor extensão, de alguns dos quais serão transcritos aqui diversos fragmentos. No já citado *Códice Aubin*, o de 1576, encontram-se vários textos de sumo interesse. Dele tornou-se uma das versões indígenas sobre o genocídio no templo máximo, que é apresentada no capítulo IX deste livro.

Outros importantes testemunhos são oferecidos por dom Fernando Alvarado Tezozómoc em suas duas crônicas, *Mexicana* e *Mexicáyotl*, assim como o célebre historiador oriundo de Chalco, Domingo Francisco de San Antón Munón Chimalpain Cuauhtlehuanitzin, de cujo *Sétimo relato* tomou-se um texto incluído no capítulo XIII, em que são descritas as pesquisas desenvolvidas por Cortez, depois de tomada a cidade.

Além do já citado *Códice Ramirez*, que contém também notícias importantes de informantes de Tlatelolco, devem ser mencionadas as breves seções a respeito da Conquista incluídas nos *Anais tepanecas de Azcapotzalco* e nos ainda mais breves do México e Tlatelolco. De todas essas fontes são oferecidas, como nos casos anteriores, as referências bibliográficas correspondentes ao final deste livro.

f) Depoimentos dos aliados indígenas de Cortez

Esta apresentação de textos indígenas sobre a Conquista seria deficiente se não fossem incluídos, pelo menos em alguns casos, os depoimentos de alguns escritores indígenas e mestiços, que se orgulham de descender daqueles que se aliaram a Cortez para conseguir a derrota dos astecas. A pintura que nos oferecem de alguns fatos, diferente das outras descrições indígenas, não fica fora do título geral deste trabalho *A visão dos vencidos*. Porque, se é certo que os tlaxcaltecas e os tezcocanos lutaram ao lado de Cortez, não deixa de ser igualmente verdadeiro que as consequências da Conquista foram tão funestas para eles como para o resto dos povos nahuas. Todos ficaram submissos e perderam para sempre a sua cultura antiga.

Desses testemunhos, além do já citado *Lienzo de Tlaxcala*, acrescentam-se aqui alguns textos colhidos da *História de Tlaxcala*, redigida em castelhano por Diego Muñoz Camargo, mestiço que escreveu essa obra durante a segunda metade do século XVI. É particularmente interessante a sua versão, claramente tendenciosa, da chacina de Cholula, texto que se inclui no capítulo V deste livro.

A interpretação histórica da Conquista, do ponto de vista dos tezcocanos, é oferecida pelo célebre descendente da casa de Tezcoco, dom Fernando de Alva Ixtlilxóchitl. Tanto em seu *XIII Relato* como em sua *História chichimeca*, ambas escritas em castelhano, encontram-se numerosos dados recolhidos por Ixtlilxóchitl de antigas fontes indígenas náhuatl hoje desconhecidas, mas interpretadas com critérios bem diferentes dos adotados pelos escritores do México e Tlatelolco. Os textos de Ixtlilxóchitl transcritos neste livro são em alguns casos particularmente interessantes. Assim, para citar só um exemplo, aquele breve quadro em que ele nos pinta a reação da velha indígena Yocotzin, mãe do príncipe Ixtlilxóchitl filho de Nezahualpilli e aliado de Cortez, que qualificou seu filho de louco e sem juízo por haver abraçado tão depressa a religião "desses bárbaros" (os espanhóis), que de forma tão violenta haviam feito sua aparição em Anáhuac.[15]

Valor humano dos relatos indígenas da Conquista

Um estudo comparativo dos textos e pinturas indígenas que acabam de ser descritos mostrará sem dúvida numerosos pontos de conflito em relação a diversos relatos e crônicas espanholas da Conquista. Contudo, mais que constatar diferenças e possíveis contradições entre as fontes indígenas e as espanholas, interessam-nos aqui os textos que vêm a acrescentar enquanto testemunho profundamente humano, de alto valor literário, deixado por aqueles que sofreram a tragédia máxima: a de ver destruídos não só as suas cidades e os seus povos, mas também os alicerces da sua cultura.

---

15. Como nos casos anteriores, ver as referências bibliográficas destas obras no final deste livro.
Convém salientar aqui, expressamente, para evitar possíveis confusões, que em Tezcoco houve três personagens principais chamados Ixtlilxóchitl. O primeiro foi o pai do célebre Nezahualcóyotl, conhecido como "Ixtlilxóchitl, o velho", entronizado senhor de Tezcoco em 1363 e morto por ordem de Tezozómoc, senhor de Azcaptzalco. O segundo é dom Hernando Ixtlilxóchitl, filho de Nezahualpili e irmão de Coanacochtzin, senhor de Tezcoco quando da chegada dos espanhóis. Foi precisamente quem Yacotzin, sua mãe, repreendeu no episódio aludido, por abraçar tão depressa a religião dos castelhanos. Finalmente, o terceiro, parente dos anteriores, é o historiador dom Fernando de Alva Ixtlilxóchitl, autor da *História chichimeca* e de numerosos relatos da história pré-hispânica de Tezcoco, assim como sobre a Conquista. (N.A.)

Não é exagero afirmar que há nestes relatos dos índios passagens de uma dramaticidade comparável à das grandes epopeias clássicas. Porque se, ao cantar na *Ilíada* a ruína de Troia, Homero deixou-nos a lembrança de cenas do mais vivo realismo trágico, os escritores indígenas, antigos possuidores da *tinta preta e vermelha* de seus códices,[16] também souberam evocar os mais dramáticos momentos da Conquista. Valha como exemplo um punhado de parágrafos retirados dos documentos que neste livro são apresentados.

Em poucas linhas os informantes indígenas de Sahagún narram o modo como começou a terrível carnificina do templo máximo perpetrada por Pedro de Alvarado. Depois de descrever o começo da festa de Tóxcatl, "enquanto os cantos vão-se enlaçando uns aos outros", aparecem de súbito os espanhóis entrando no pátio sagrado:

> Imediatamente cercam os que dançam, lançam-se ao lugar dos atabaques, deram um só golpe no que estava tocando: cortaram os dois braços. Depois, decapitaram: a cabeça cortada foi cair bem longe. Em seguida todos esfaqueiam, dão talhos, enterram lanças, ferem com as espadas. A alguns atacam pelas costas; imediatamente caem por terra suas entranhas dispersadas. A outros arrancam-lhes a cabeça: retalharam uma cabeça, inteiramente feita em tiras ficou essa cabeça.
>
> Mas em outros deram talhos nos ombros: como fendas profundas, desgarrados ficaram seus corpos.

16. A "tinta preta e vermelha" (*in tlilli, in tlapalli*), no simbolismo náhuatl a justaposição destas duas cores, preto e vermelho, obscuridade e luz, evoca a ideia do saber mais elevado. Diz-se expressamente a respeito dos sábios nahuas (os tlamatinime) que "eram os donos da tinta preta e vermelha". (N.A.)

> Aqueles são feridos nos músculos, estes nas coxas, os de lá em pleno abdômen. Todas as entranhas caíram por terra. E havia alguns que ainda corriam em vão: iam arrastando os intestinos e neles pareciam enredar os pés. Desejosos de salvarem-se, não tinham para onde dirigir-se...[17]

Outro quadro, obra-prima da arte descritiva dos nahuas, pinta-nos a maneira como viram esses "cervos ou veados" em que se assentavam os espanhóis, isto é, os cavalos. Já Motolinía, no parágrafo que foi citado mais acima, fala da "admiração dos índios ao contemplarem os cavalos e o que os espanhóis faziam em cima deles". Agora são os informantes de Sahagún que nos oferecem a sua própria descrição. Tal é sua força que parece uma evocação daquela outra pintura extraordinária do cavalo, que o autor do *Livro de Jó* deixou escrita em hebreu. Escutemos a descrição dada pelos índios:

> Vêm os *cervos* que trazem os homens em seus lombos. Com seus calções de algodão, com seus escudos de couro, com suas lanças de ferro. Suas espadas pendem dos pescoços de seus *cervos*.
> Estes têm cascavéis, estão encascavelados, vêm trazendo cascavéis. Fazem estrépito as cascavéis, repercutem as cascavéis.
> Esses *cavalos*, esses *cervos* bufam, rugem. Suam mares: o suor destila deles como água. E a espuma de seus focinhos cai ao solo gotejando. É como água ensaboada com *amole*[18]: gotas gordas a escorrer.

---

17. Textos dos informantes indígenas de Sahagún, *Códice florentino*, liv. XII, cap. XX. (N.A.)

18. *Amole*: Planta usada como sabão. (N.T.)

> Quando correm fazem estrondo; fazem estrépito, sente-se o barulho, como se caíssem pedras no chão. Logo a terra fica revolvida, logo a terra enche-se de buracos onde eles puseram sua pata. Por isso, a terra só fica dilacerada onde puseram mão ou pata...[19]

Finalmente, para não alongar mais a série de exemplos que poderiam ser oferecidos, copiamos tão só o breve relato conservado pelos autores anônimos do *Manuscrito de Tlatelolco* de 1528, em que mencionam a sorte daqueles sábios ou magos, seguidores de Quetzalcóatl, que se entregaram aos conquistadores em Coyoacan, depois de já dominado todo o Vale do México. Chegaram com os livros de pintura debaixo do braço, possuidores da antiga sabedoria, simbolizada pela tinta preta e vermelha dos seus códices. Não sabemos por que voluntariamente optaram por entregar-se. Mas os conquistadores atiçaram os cachorros contra eles. Só um pôde escapar. Escutemos o depoimento indígena:

> E os cachorros devoraram três sábios de Ehécatl (Quetzalcóatl), de origem tezcocana. Eles não vieram mais do que entregar-se. Ninguém os trouxe. Não mais vinham do que trazendo seus papéis com pinturas (códices). Eram quatro, um fugiu: só três foram alcançados, lá em Copoacán.[20]

Cenas como as citadas abundam nos relatos indígenas que aqui são publicados. Quem ler o presente livro terá a surpresa de encontrar na documentação indígena

19. Idem nota 17, cap. XV. (N.A.)

20. *Ms. Anônimo de Tlatelolco* (1528). Edição fac-similar de E. Menginl Copenhague, 1945, fol. 38. (N.A.)

incontáveis passagens, tão dramáticas e de certo modo tão plásticas, que parecem um convite ao artista, pintor ou desenhista, capaz de levá-los à tela ou ao papel.

De outra parte, a riqueza de informação e o próprio modo como os índios apresentam seus relatos abrem, sem dúvida, caminho para numerosos temas de investigação.

Que se pense, por exemplo, em estudos tais como o da "invenção indígena dos conquistadores", que poderia mostrar os diversos esforços realizados pelos índios para compreender quem eram esses homens desconhecidos, vindos de além das águas imensas.[21] Projetando primeiro seus velhos mitos, os índios acreditaram que Quetzalcóatl e outros *teteo* (deuses) haviam voltado. Mas, ao conhecê-los mais de perto, ao ver sua reação diante dos objetos de ouro enviados por Motecuhzoma, ao ter notícias da matança de Cholula e ao contemplá-los por fim frente a frente em Tenochtitlán, desvaneceu-se a ideia de que Quetzalcóatl e os deuses tivessem voltado. Quando os espanhóis assediaram a cidade, com frequência foram chamados de *popolocas* (bárbaros). Entretanto, os índios nunca esqueceram o poder material superior daqueles que no início foram vistos como deuses. Implicitamente, em função do seu pensamento simbólico, baseado em "flores e cantos", os índios *inventaram* para si uma imagem dos conquistadores. As várias manifestações dessa imagem estão precisamente nos textos que foram

---

21. Emprega-se aqui a palavra "invenção" no sentido que lhe dá Edmundo O'Gorman em *La invención de América*, Fundo de Cultura Econômica, México, 1958. Para uma breve análise deste conceito histórico em relação ao tema que se destaca aqui, ver nosso comentário ao referido livro em *América indígena*, publicação do Instituto Indigenista Interamericano, vol. XVIII, n. 3. México, julho, 1958, p. 249-251. (N.A.)

escritos sobre a Conquista. Eis aqui um possível tema de investigação, certamente de interesse.

Mas não é esse o único aspecto que se poderia estudar. Além do cuidado propriamente histórico de comparar os testemunhos indígenas com os dos espanhóis, é possível contrapor as ideias típicas desse mundo indígena quase mágico, que tinha sua raiz nos símbolos, com a mentalidade muito mais prática e sagaz dos que, superiores em técnica, interessavam-se principalmente pelo ouro. E querendo levar ainda mais adiante este espírito comparativo, seria possível acrescentar-se uma terceira atitude, embora abundante de variáveis acidentais. Referimo-nos à impressão que a Conquista deixou no ânimo dos primeiros missionários. Motolinía, Olmos, Las Casas e Sahagún não contemplaram com seus próprios olhos o esplendor do mundo pré-hispânico, antes da Conquista, mas conheceram ao menos os depoimentos sobre a antiga cultura fornecidos por seus informantes. As notícias que puderam recolher a respeito do passado dos índios, comparadas com a situação em que ficaram, dois lustros depois, permitiu-lhes avaliar a Conquista.

Particularmente frei Bernardino de Sahagún, que mais do que ninguém reuniu dados inumeráveis sobre as instituições culturais do mundo náhuatl pré-hispânico, expressa-se com dureza, mas com justiça, a respeito dos resultados da Conquista. Não é possível – isto pode ser objeto de um estudo à parte – incluir aqui os vários parágrafos que frei Bernardino deixou escritos em diversos pontos de sua *História geral das coisas da Nova Espanha* sobre o que a seu juízo foi a Conquista. Não resistimos, no entanto, a transcrever algumas linhas em que compara a ruína dos índios com a maldição com que Jeremias fulminou a Judeia e Jerusalém, ameaçando-as de destruição total. Depois de citar parte do capítulo V do *Livro de Jeremias*, Sahagún conclui dizendo:

> Isto é o que ao pé da letra aconteceu com estes índios, pois eles e todas as suas coisas foram tão atropelados e destruídos pelos espanhóis que nenhum vestígio ficou do que eram antes. Assim são tidos como bárbaros, e como gente de baixíssimo quilate (em verdade, nas coisas de política, passam a perna em muitas outras nações que têm a grande presunção de ser políticas, abolindo algumas tiranias que sua maneira de governar continha). Apesar de um grande trabalho, pouco conseguiu-se apurar sobre isso. Mas parece que conseguiram muitos avanços e poderiam ter chegado a muito mais.[22]

Esse é o parecer de um homem extraordinário que, ao contrário de muitos dos seus compatriotas, não procurava o ouro mas o conhecimento integral de uma grande cultura humana e a incorporação de seus valores e de sua gente ao Evangelho de Cristo.

Para encerrar, queremos salientar que esta espécie de antologia dos principais relatos indígenas sobre a Conquista, longe de ser uma edição crítica dos textos, não vai acompanhada dos numerosos esclarecimentos e notas que se poderiam fazer acerca dos documentos. Destinando-se a estudantes e a um público não especializado, unicamente são explicados no texto, entre parênteses e em algumas notas ao pé da página, os nomes e os conceitos que não poderiam ser entendidos facilmente sem o esclarecimento correspondente.

---

22. Sahagún, Frei Bernardino de, *Historia general de las cosas de Nueva España*, t.I, p. 29. (N.A.)

Agradecemos de maneira especial ao dr. Ángel Ma. Garibay K., diretor do Seminário de Cultura Náhuatl da Universidade Nacional Autônoma do México, por sua generosidade ao permitir aproveitarmos sem qualquer restrição as traduções preparadas por ele de quase todos os textos que aqui são oferecidos, assim como por haver revisado os originais deste livro.

Como em outros casos, é também Alberto Beltrán que agora copiou fielmente as pinturas e desenhos de procedência indígena referentes à Conquista aqui publicados. A tão valioso colaborador expressamos nossa gratidão, assim como de um modo muito especial à Universidade Nacional Autônoma do México, que inclui esta obra na sua prestigiada Biblioteca do Estudante Universitário.

O estudo dos relatos indígenas sobre a Conquista abre as portas para possíveis investigações de profundo interesse histórico. Nosso maior desejo é que esta modesta antologia, que agora é publicada, ajude a despertar o entusiasmo por trabalhos semelhantes. O exame sereno do encontro desses dois mundos, o indígena e o hispânico, de cuja dramática união o México e os mexicanos descendem, ajudará a avaliar melhor a raiz mais funda dos nossos conflitos, grandezas e misérias; e, em resumo, a raiz do próprio "rosto e coração", expressão de nossa fisionomia cultural e étnica.

Miguel León-Portilla
Secretário do Seminário de
Cultura Náhuatl da UNAM

Capítulo I
Presságios da vinda dos espanhóis

Introdução

Os documentos indígenas apresentados nos treze primeiros capítulos deste livro compreendem fatos ocorridos desde pouco antes da chegada dos espanhóis às costas do Golfo do México até o quadro final, México-Tenochtitlán em poder dos conquistadores. Os dois últimos capítulos, o XIV e o XV, oferecem como conclusão o relato sobre a Conquista escrito em 1528 por vários informantes anônimos de Tlatelolco, assim como vários exemplos dos célebres icnocuícatl, "cantares tristes", sobre a Conquista.

Ordenando os diversos textos em função da sequência cronológica dos fatos e ações da Conquista, aparecem em alguns casos testemunhos que apresentam certas variantes e divergências. Sem pretender resolver aqui os problemas históricos que essas variantes estabelecem, interessa fundamentalmente o valor humano dos textos que refletem, mais que os próprios fatos históricos, a maneira como foram vistos e interpretados por índios nahuas de várias cidades e procedências.

Neste primeiro capítulo transcrevemos a versão direta do náhuatl preparada pelo dr. Garibay de textos dos informantes indígenas de Sahagún incluídos no início do Livro XII do *Códice florentino*, assim como uma breve seção retirada da *História de Tlaxcala* de Diego Munõz Camargo, que, como foi dito na Introdução geral, aparentado com a nobreza indígena do território de Tlaxcala, reflete em seus escritos a opinião dos índios tlaxcaltecas, aliados de Cortez. Ambos os documentos, que guardam estreita semelhança, narram uma série de presságios e maus agouros que os índios e de maneira especial Motecuhzoma afirmaram ver, desde cerca de dez anos antes da chegada dos espanhóis. Transcreve-se primeiro o texto dos informantes de Sahagún, de acordo com o *Códice florentino*, e em continuação o depoimento do autor da *História de Tlaxcala*.

Os presságios, segundo os informantes de Sahagún

Primeiro agouro: Dez anos antes de virem os espanhóis apareceu um agouro no céu. Algo como uma espiga de fogo, como uma chama de fogo, como uma aurora: aparecia como se estivesse gotejando, como se estivesse rasgando o céu.

Larga embaixo, estreita no vértice. Bem no meio do céu, bem ao centro do céu chegava, bem ao centro do céu estava atingindo.

E desse modo era vista: lá no oriente aparecia: e assim chegava até a meia-noite. Manifestava-se: estava ainda no amanhecer; depois o sol a fazia desaparecer.

E no tempo que estava aparecendo: por um ano vinha mostrar-se. Começou no ano 12-Casa.

Pois quando se mostrava havia um alvoroço geral: as pessoas batiam nos lábios com as mãos; havia um grande espanto; faziam comentários intermináveis.

Segundo agouro: que aconteceu aqui no México: por sua própria conta pegou fogo, ardeu em chamas: ninguém pôs fogo, foi por sua ação espontânea que a casa de Huitzilopchtle incendiou. Era chamada de lugar divino, o lugar denominado "Tlacateccan" (casa de governo).

Aconteceu: já ardem as colunas. De dentro saem para cá as chamas de fogo, as línguas de fogo, as labaredas de fogo.

Extremamente rápido o fogo acabou com todo o madeirame da casa. Em seguida houve um vozerio estrondoso; dizem: "Mexicanos, vinde depressa: há que apagar! Trazei vossos cântaros!".

Mas quando jogavam água, quando tentavam apagar, mais chamas inflamadas apareciam. Não foi possível apagar: tudo queimou.

Terceiro agouro: um templo foi ferido por um raio, era somente de palha: o local que se chama "Tzummulco".[1] O templo de Xiuhtecuhtli. Não chovia forte, só garoava levemente. Assim, tomaram como presságio; diziam deste modo: "Deve ser um ataque do Sol". Nem o trovão foi ouvido.

Quarto agouro: quando ainda havia sol, caiu um fogo. Em três partes dividido: saiu de onde o sol desaparece: ia direto para onde nasce o sol: como se fosse uma brasa, ia caindo como chuva de chispas. Largo ficou seu rabo; longe chegou sua cauda. E quando foi visto, houve

---

1. *Tzummulco* ou *Tzomolco*: "no cabelo fofo", era um dos edifícios do templo maior de Tenochtitlán. (N.A.)

um grande alvoroço: era como se estivessem tocando cascavéis.

Quinto agouro: ferveu a água; o vento fez a água remexer-se fervendo. Como se fervesse com fúria, como se em pedaços, revolvida, rompera-se. Foi seu impulso muito longe, muito alto elevou-se. Chegou aos alicerces das casas: e destruídas as casas afogaram-se na água. Isso aconteceu na lagoa que está junto a nós.

Sexto agouro: muitas vezes ouvia-se: uma mulher chorava; ia gritando pela noite; caminhava soltando grandes gritos:

– Meus filhinhos!, pois já temos que ir para longe!

E às vezes dizia:

– Meus filhinhos, para onde levarei vocês?[2]

Sétimo agouro: muitas vezes apanhava-se, colhia-se algo nas redes. Os que trabalhavam na água colheram certo pássaro cinzento, como se fosse grou. Logo foram mostrar a Motecuhzoma, na Casa do Escuro[3] (casa de estudos de magia).

Havia chegado o sol ao seu apogeu: era meio-dia. Havia uma espécie de espelho na moleira do pássaro, como uma rodela de fuso, em espiral: era como se estivesse perfurado na metade.

Assim via-se o céu: as estrelas, as constelações. E Motecuhzoma teve um mau pressentimento quando viu as estrelas e as constelações.

Mas quando viu pela segunda vez a moleira do

---

2. O texto parece referir-se a Cihaucóatl, que gritava e chorara à noite. Este é um dos antecedentes da célebre "chorona". (N.A.)

3. *Casa de lo Negro*. (N.T.)

pássaro, novamente viu além, na distância; como se algumas pessoas viessem depressa; bem compridas; dando empurrões. Guerreavam uns com os outros, atacavam-se pelas costas como veados.

Rápido chamou seus magos, seus sábios. Disse-lhes:

– Não sabeis: o que foi que eu vi? Parecem pessoas que estão em pé e agitando-se...

Mas eles, querendo dar a resposta, puseram-se a ver: desapareceu (tudo): nada viram.

Oitavo agouro: muitas vezes apareciam para o povo homens disformes, pessoas monstruosas. De duas cabeças, mas um só corpo. Levavam para a Casa do Escuro; mostravam a Motecuhzoma. Assim que ele via, as figuras desapareciam.[4]

Depoimento de Muñoz Camargo

(História de Tlaxcala, escrita em castelhano por seu autor.)[5]

Dez anos antes que os espanhóis viessem a esta terra, houve um sinal que se tomou por superstição, agouro e estranho presságio, e foi que apareceu uma coluna de fogo flamejante, muito acesa, de muita claridade e esplendor, com umas centelhas que centelhavam em tanta espessura que pareciam polvilhar centelhas, de tal maneira que a claridade que delas saía era de tão grande

4. Seção retirada dos "Informantes de Sahagún": *Códice florentino*, cap. I (versão do náhuatl do dr. Garibay). (N.A.)

5. A primeira parte do "relato dos presságios do México" manifesta claramente que Muñoz Camargo conheceu os textos dos informantes de Sahagún, que segue muito de perto. (N.A.)

resplendor que parecia a aurora da manhã. Tal coluna parecia estar cravada no céu, tendo seu princípio desde o chão onde começava com grande largura, de sorte que desde o pé ia estreitando, fazendo uma ponta que chegava a tocar o céu em forma piramidal. Assim aparecia na parte do meio-dia e da meia-noite para baixo até que amanhecia, e era ao dia claro que com a força do sol e seu resplendor e raios que era vencida. Tal sinal durou um ano, começando desde o princípio do ano que os nativos contam em doze casas que, verificando em nossa conta castelhana, ocorreu no ano de 1517.

E quando este agouro e presságio era visto, mostravam os nativos grandes extremos de dor, dando grandes gritos, vozes e alaridos em sinal de grande espanto e dando palmadas na boca, como costumam fazer. Todos estes prantos e tristeza eram acompanhados de sacrifícios de sangue e de corpos humanos como costumavam fazer ao verem-se em alguma calamidade ou atribulação, assim como era o tempo e a ocasião que enfrentavam, assim cresciam os tipos de sacrifícios e superstições.

Com esta tão grande alteração e sobressalto, tomados de tão grande temor e espanto, tinham um contínuo cuidado e imaginação do que poderia significar tão estranha novidade, procuravam saber por adivinhos e feiticeiros o que poderia significar um sinal tão estranho jamais visto ou ouvido no mundo. É de considerar-se que dez anos antes da vinda dos espanhóis estes sinais começaram a ser vistos, mas a conta que fazem de doze casas foi o ano de 1517, dois anos antes que os espanhóis chegassem a esta terra.

O segundo presságio, sinal, agouro ou superstição que os nativos do México tiveram foi que o templo do demônio incendiou-se e queimou, o qual era chamado de templo de Huitzilopuchtli, sem que pessoa alguma ateasse o fogo, que está no bairro de Tlacateco. Foi tão grande esse incêndio e tão repentino, que saíam pelas portas do referido templo labaredas que pareciam chegar ao céu, e num instante queimou e ardeu tudo, sem poder-se remediar coisa alguma, "ficou destruído", o que, quando isso aconteceu, não foi sem grande alvoroço e gritaria alternada que as pessoas diziam e chamavam: "Eia, mexicanos! Vinde depressa e com presteza com cântaros de água para apagar o fogo", e assim vieram todas as pessoas que puderam acudir ao socorro. E quando se aproximavam para jogar água e tentar apagar o fogo, que para isso veio uma multidão, então inflamava-se a chama com grande força, e assim, sem nenhum remédio, acabou por tudo queimar.

O terceiro presságio e sinal foi que um raio caiu num templo pagão que tinha o teto de palha, que os nativos chamavam Xacal, cujo templo os nativos chamavam de Tzonmolco, que era dedicado ao ídolo Xiuhtecuhtli; chovendo uma água miúda como farinha caiu logo algo sem trovão nem relâmpago sobre o dito templo. Assim mesmo tomaram o fato como um agouro ou presságio de muito mau sinal, pois tudo ficou queimado.

O quarto presságio foi que, sendo de dia e havendo sol, saíram cometas do céu pelo ar e de três em três pela parte do Ocidente "que corriam até o Oriente", com toda força e violência, que iam soltando e desaparecendo de si brasas de fogo ou centelhas por onde corriam até o Oriente, e tinham tão grandes caudas, que ganhavam grande distância sua largura e grandeza; e na época que estes sinais foram vistos houve alvoroço, e um grande barulho e gritaria e alarido de pessoas.

O quinto presságio e sinal foi que se alterou a lagoa mexicana sem vento algum, a qual fervia e refervia e espumava de tal maneira que se levantava e alcançava grande altura, de tal sorte que a água chegava a banhar mais da metade das casas do México, e muitas delas caíram e afundaram; e foram cobertas e ficaram totalmente submersas.

O sexto presságio e sinal foi que muitas vezes e muitas noites ouvia-se uma voz de mulher que em alta voz chorava e dizia, com muito pranto e lágrimas e grandes soluços e suspiros: "Oh! Meus filhos! Vamos perder tudo..." e outras vezes dizia: "Oh! Meus filhos, para onde poderei levá-los e escondê-los?...".

O sétimo presságio foi que os pescadores da lagoa mexicana, nautas e piratas ou canoeiros caçadores caçaram uma ave parda parecida com grou, a qual incontinente levaram a Motecuhzoma para que a visse, o qual estava nos Palácios da Sala Negra havendo já declinado o sol no poente, que era de dia claro, cuja ave era tão estranha e de tão grande admiração que não se pode imaginar nem encarecer sua grande estranheza, pois tinha na cabeça um diadema redondo com a forma de um espelho redondo muito diáfano, claro e transparente, pelo qual via-se o céu e as estrelas que os astrólogos chamam de signo de Gêmeos; e quando viu isto Motecuhzoma mostrou grande estranheza e maravilhou-se com o grande agouro, prodígio, presságio e mau sinal ao ver através daquele diadema daquele pássaro estrelas do céu.

E tornando a ver e admirar pela segunda vez através do diadema e da cabeça do pássaro, Motecuhzoma viu grande número de pessoas, que vinham marchando espalhadas e em esquadrões de muita ordem, muito equipadas e à guisa de guerra, e batalhando uns contra outros camuflados em figuras de veados e outros animais, e então, como visse tantas visões e tão disformes, mandou chamar seus agoureiros e adivinhos que eram tidos por sábios. Quando vieram a sua presença, disse-lhes a causa de sua admiração. "Haveis de saber, meus queridos sábios amigos, porque eu vi grandes e estranhas coisas através de um diadema de um pássaro que me trouxeram como coisa nova e rara que jamais outra como ela já foi vista ou caçada, e pelo mesmo diadema que é transparente como um espelho eu vi um tipo de gente que vem em batalhões, e porque vereis, vede vós e vereis o mesmo que eu vi."

E querendo responder ao seu senhor sobre o que lhes havia parecido coisa tão inédita, para forjar seus juízos, adivinhações e conjecturas ou prognósticos, logo em seguida o pássaro desapareceu, e assim não puderam dar nenhum juízo nem prognóstico certo e verdadeiro.

O oitavo presságio e sinal do México foi que muitas vezes apareciam e eram vistos os homens unidos em um só corpo e que são chamados de Tlacantzolli[6] pelos nativos. E outras vezes viam corpos, com duas cabeças procedentes de um só corpo, os quais eram levados ao Palácio da Sala Negra do grande Motecuhzoma, onde chegando a ela desapareciam e ficavam invisíveis todos esses sinais e outros que para os nativos eram prognósticos de seu fim e ruína, porque diziam que haveriam de ser criados outros novos povos e viriam outros novos habitantes do mundo. E assim andavam tão tristes e apavorados que não sabiam que juízo fazer em relação a essas coisas tão raras, peregrinas, tão novas e nunca vistas e ouvidas.

Os presságios e sinais ocorridos em Tlaxcala

Sem estes sinais, houve outros nesta província de Tlaxcala antes da vinda dos espanhóis, bem pouco

---

6. *Tlacantzolli*: "homens atados", ou como nota Muñoz Camargo, "dois homens unidos em um corpo". (N.A.)

antes. O primeiro sinal foi que a cada manhã via-se uma claridade que saía das partes do oriente, três horas antes de o sol sair, cuja claridade era à maneira de uma neblina branca muito clara, a qual subia até o céu, e ao não se saber o que pudesse ser criava grande espanto e admiração.

Também viam outro sinal maravilhoso, e era que se levantava um redemoinho de pó à maneira de uma manga d'água, que se levantava acima da Serra Matlalcueye que agora chamam de Serra de Tlaxcala, cuja manga subia a alturas tantas que parecia chegar ao céu.[7] Este sinal foi visto muitas e diversas vezes por mais de um ano contínuo, o que assim mesmo causava espanto e admiração, tão contrário que era ao ambiente natural e à nação.

Não pensaram nem entenderam senão que eram os deuses que haviam descido do céu, e assim com tão estranha novidade, voou a nova por toda a terra em pouca ou em muita população. Seja como for, ao final soube-se que havia chegado uma estranha e nova gente, especialmente no México, que era a cabeça deste império e monarquia.[8]

---

7. A serra Matlalcueye ou Sierra de Tlaxcala é conhecida hoje como La Malinche. (N.A.)

8. *História de Tlaxcala*, de Muñoz Camargo, liv. II, cap. I. (N.A.)

Capítulo II
Primeiras notícias da chegada dos espanhóis

Introdução

De acordo com o depoimento de Alvarado Tezozómoc em sua *Crônica mexicana*, Motecuhzoma – perturbado pelos vários presságios descritos nos textos anteriores – mandou chamar os sábios e feiticeiros com o objetivo de interrogá-los. Queria averiguar se havia sinais de guerras próximas, de desastres imprevistos ou de qualquer outra forma de desgraça.

Os magos na realidade não puderam responder. Mas, em compensação, por essa época apareceu um pobre *macehual* (homem do povo), vindo das costas do Golfo com as primeiras notícias da chegada de umas "espécies de torres ou pequenos morros que vinham flutuando sobre o mar". Neles vinham pessoas estranhas "de carnes muito brancas, mais que as nossas carnes, todos têm barbas longas e os seus cabelos vão até as orelhas...". Tal notícia deixou Motecuhzoma angustiado e, como veremos no capítulo seguinte, movido pelo medo enviou mensageiros pois acreditava que eram possivelmente Quetzalcóatl e outros deuses que voltavam, segundo os anúncios de seus códices e tradições.

Motecuhzoma interroga os magos

E ordenou Motecuhzoma a Petlacálcatl[1] que chamasse a todos os prefeitos de todos os povoados; de cada povoado o seu. Disse-lhes que fossem aos lugares que eles administravam e que procurassem magos e trouxessem todos os que achassem. E alguns prefeitos trouxeram alguns, os quais vindos e apresentados a Motecuhzoma entraram, ajoelharam-se e fizeram grande reverência. Motecuhzoma disse a eles:

– Haveis visto algumas coisas nos céus, ou na terra, nas covas, lagos de água funda, cavernas, pontes ou mananciais de água, algumas vozes como a de uma mulher dolorida, ou de homens; visões, fantasmas ou outras coisas como estas?

Como não haviam visto as coisas que Motecuhzoma desejava, nem tinham respostas para o que lhes perguntavam, disse a Petlacálcatl:

– Levai e encerrai estes velhacos na prisão de Cuauhcalco, que eles dirão ainda que não queiram.

No outro dia chamou Petlacálcatl e disse-lhe:

– Dizei a esses curandeiros que declarem alguma coisa, se virá enfermidade, pestilência, fome, gafanhoto, terremotos de água, seca, se choverá ou não, que falem; ou se haverá guerra contra os mexicanos, ou se virão

1. *Petlacálcatl*: espécie de mordomo-mor. Chefe dos calpixques: funcionários encarregados de diversas funções no palácio ou no templo. (N.A.)

mortes súbitas, ou mortes por ataques de animais, que não me escondam nada; ou se ouviram Cihuacóatl chorar, tão famosa no mundo, pois quando algo está por acontecer é ela quem interpreta primeiro, muito antes de acontecer.[2]

Responderam os curandeiros:

– O que podemos dizer? Que já está dito e marcado no céu o que virá, porque já se falou seu nome no céu, e o que já se disse a Motecuhzoma que sobre ele e diante dele há de haver e acontecer um mistério muito grande: e se é isso que o nosso rei Motecuhzoma quer saber é tão pouco, que logo será entendido, porque os que foram enviados logo chegarão, e é isto que dizemos nós, para que ele fique satisfeito; e que ele aguarde, pois há de ser assim.

Logo foi Petlacálcatl dizer a Motecuhzoma que estava prestes a acontecer tudo aquilo que aconteceria. Motecuhzoma admirou-se ao ver que tudo estava conforme Nezahualpilli rei (de Tezcoco, filho de Nezahualcóyotl) deixou-lhe dito. Disse então Motecuhzoma:

– Perguntai a eles se isto que está por vir ou acontecer virá do céu ou da terra; de que parte, de que lugar e quando será.

Petlacálcatl voltou a ratificar a pergunta aos curandeiros, e entrando e abrindo as portas não encontrou nenhuma pessoa, do que ficou muito espantado. Foi logo contar a Motecuhzoma: chegado diante dele disse:

– Meu senhor, podeis mandar cortar-me ou fazer de mim o que mais quereis: sabei, senhor, que quando cheguei e abri as portas estava tudo vazio, que nem

---

2. Outra alusão, como a que se encontra no sexto agouro incluído no capítulo anterior, sobre as caminhadas noturnas da deusa Cihuacóatl, que surgiu chorando e gritando. (N.A.)

um nem outro aparecia, pois eu também acho muito estranho, porque tenho ali velhos sob a mesma guarda e ninguém viu alguém sair, e acredito que voaram, já que são invisíveis e todas as noites tornam-se invisíveis, e vão para o fim do mundo, é isto que devem ter feito.

Disse Motecuhzoma:

– Que os velhacos fujam; chamai os chefes Cuauhnochtli e Tlacochcálcatl[3] e todos os demais, que vão aos povoados onde eles estão e matem suas mulheres e filhos, que não sobre nenhum e derrubem suas casas".

Fez chamar muitos mancebos para que fossem também saquear as casas das mulheres dos magos; logo formaram-se os grupos que foram às casas deles e mataram suas mulheres, que eram enforcadas com cordas, e as crianças eram jogadas contra as paredes e ficavam em pedaços, e arrancaram até a raiz de cimento das casas.

Chegada do macehual das costas do Golfo

Há poucos dias veio um *macehual* (homem do povo), de Mictlancuauhtla,[4] que não foi enviado por ninguém, nem mesmo por algum chefe, veio por sua própria autoridade. Logo que chegou ao México foi direto ao palácio de Motecuhzoma e disse-lhe:

– Senhor e nosso rei, perdoai o meu atrevimento. Eu sou natural de Mictlancuauhtla; cheguei às margens do grande mar e vi andar pelo meio do mar uma serra ou

---

3. *Cuauhnochtli*: nome de um alto funcionário de Tenochtitlán e Tlatelolco. Tlacochcálcatl: "chefe da casa das lanças". (N.A.)

4. *Mictlancuauhtla*: "Bosque da região dos mortos". Segundo Orozco e Berra, trata-se de uma povoação já desaparecida, situada nas costas de Veracruz. Num mapa enviado a Felipe II em 1580 pelo alcaide-mor Álvaro Patiño aparece com o nome alterado para Metlangutla. (N.A.)

morro grande, que andava de um lugar para outro sem chegar às margens, e isso jamais nós vimos, e como guardas que somos das margens do mar estamos de prontidão.

Disse Motecuhzoma:

– Vinde em boa hora, descansai.

E este índio que veio com esta nova não tinha orelhas nem tinha os dedos dos pés, que lhes tinham sido cortados. Disse Motecuhzoma a Petlacálcatl:

– Levai e colocai este índio na prisão de tábuas, e observai-o.

Fez chamar um *teuclamacazqui* (sacerdote) e disse-lhe:

– Ide a Cuetlaxtlan e dizei ao que guarda o povoado que, se é verdade que andam pelo grande mar, não sei o que nem quem, que devem ir ver o que existe entre o mar e o céu, e que isto seja com toda brevidade e presteza, e levai consigo Cuitlalpítoc como vossa companhia.

Chegados a Cuetlaxtlan disseram e contaram à embaixada de Motecuhzoma, e estava muito atento o Cuetlaxtécatl, chamado Pínotl. Respondeu (este):

– Senhor, descansai que logo os práticos irão até as margens do mar, e verão o que é.

Foram verificar e voltaram depressa a dar notícia ao Calpixque Pínotl, dizendo-lhe como era verdade, que andavam umas duas torres ou morros pequenos por cima do mar. Disse o Teucnenenqui[5] a Pínotl:

– Senhor, quero ir pessoalmente vê-los e como são, para dar fé como testemunha ocular, e estarei satisfeito com isso e farei o relato conforme o que eu vir.

E assim foi logo com outros mais que eram o Cuitlalpítoc e outro Cuetlaxtécatl, e logo que chegaram viram o que acontecia na margem do mar, e haviam

5. *Teucnenenqui*: "grande caminhante ou emissário". (N.A.)

saído com um barco e uns sete ou oito do barco estavam pescando com anzóis.

O Teucnenenqui e o Cuitlalpítoc subiram a uma árvore, que chamavam de árvore branca, muito copada, e dali estavam olhando como colhiam os peixes. E havendo acabado de pescar, voltaram outra vez para a nau com seu batei ou barquinho. Disse o Teucnenenqui:

– Vamos, Cuitlalpítoc.

Desceram da árvore e voltaram ao povoado de Cuetlaxtlan, e em seguida despediram-se do Pínotl. Voltaram com toda brevidade possível para a grande cidade do México-Texnochtitlan, a dar a informação sobre o que haviam ido ver.

Chegados ao México, foram direto ao palácio de Motecuhzoma, a quem falaram com a reverência e a humildade devida. Disseram-lhe:

– Senhor e nosso rei, é verdade que chegaram pessoas estranhas, que vieram até as margens do grande mar, as quais estavam pescando com taquaras e outros com uma rede que jogavam. Estiveram pescando até tarde, e depois entraram numa canoa pequena e chegaram até as duas torres muito grandes e subiram dentro, e as pessoas seriam umas quinze, com uns casacos vermelhos, outros de azul, outros de pardo e de verde, e uma cor de sujeira como o nosso ychtilmatle,[6] tão feio; outros de escarlate, e nas cabeças traziam uns panos vermelhos, e eram barretes escarlates, e outros muito grandes e redondos, que devem ser guarda-sóis (que são sombreros) e as carnes deles são muito brancas, mais que nossas carnes, exceto que todos têm barba longa e o seu cabelo vai até a orelha.

6. *Ichtilmatle*, melhor, *ichtilmatli*: capa ou tilma feita com fibra de maguey (N.A.). O maguey corresponde ao agave americano. (N.T.)

Motecuhzoma estava cabisbaixo, não falou coisa alguma.

Preparativos determinados por Motecuhzoma

Depois de um bom tempo Motecuhzoma falou e disse:

– Vós sois os administradores da minha casa e do meu palácio; não posso dar mais fé nem mais crédito a outra pessoa mais do que a vós, porque trazei a mim a verdade de cada dia: ide agora e trazei-me aquele que está preso na prisão, que veio como mensageiro da costa.

Foram até a prisão onde ele estava enterrado[7] e, abrindo as portas, nada acharam onde ele havia sido colocado, e ficaram admirados e espantados. Foram dizer a Motecuhzoma, que ficou mais espantado e admirado, e disse:

– Enfim, já é coisa natural, quase todos são curandeiros, pois olhai o que eu estabeleço como castigo, se alguma coisa descobrirdes do que vos digo, debaixo de meu estrado tenho de enterrar-vos e morrerão vossos filhos e mulheres, e despojarei todos os vossos bens e desfarei vossas casas, até os derradeiros alicerces, até que deles saia água, e morrerão todos os vossos parentes; e trazei-me secretamente dois ourives, bons artífices de obra primorosa e dois lapidadores dos bons engastadores de esmeraldas.

Disseram-lhe:

– Senhor, aqui estão os artífices que mandastes trazer.

Disse Motecuhzoma:

– Fazei-os entrar aqui.

7. No texto original, *entapiado* – o antigo suplício consistia em enterrar a pessoa, que ficava só com a cabeça descoberta. (N.T.)

Entraram e disse-lhes:

– Vinde aqui, meus pais; haveis de saber que vos mandei chamar para que façais certa obra, e cuidai para que nenhum filho de mãe descubra, sob pena de graves punições de arrancar até os alicerces de casas, perda de bens e vossa morte; de mulher, filhos e parentes, porque todos hão de morrer: cada um terá de fazer duas obras, e deverão fazer na minha frente. Aqui secretamente neste palácio onde estamos agora: é para fazer uma gargantilha ou corrente de ouro com quatro dedos cada elo, muito fino, e estas peças devem ter no meio medalhas com esmeraldas muito ricas, e dos lados, pingentes, dois a dois, e depois dois braceletes de ouro com correntes de ouro que se unem à gargantilha, e isso com toda a brevidade do mundo.

Aos outros artífices mandou fazer dois grandes abanadores com ricas plumagens e no meio uma meia--lua de ouro, de um lado, e do outro um sol de ouro bem polido, para reluzir de longe, e mais dois braceletes de ouro com a mais rica plumagem. E aos lapidadores mandou fazer também, cada um, dois braceletes para os dois braços e para os dois pés, de ouro, no meio ricas esmeraldas engastadas. E ordenou a Petlacálcatl que trouxesse logo, secretamente, muito ouro que estava em canudos, e muitas plumas da miúda, a mais sublime das aves tlauhquechol e tzinitzcan zacauan,[8] e muitas esmeraldas e outras ricas pedras de grande valor: tudo foi entregue aos artífices e em poucos dias o trabalho foi realizado. E numa manhã, quando Motecuhzoma

---

8. *Tlauhquechol*: ave vermelha, possivelmente o flamingo ou a guacamaya. Segundo Garibay, provavelmente é toda ave vermelha e grande. *Tzinitzcan*: ave de plumagem fina (Trogonorus mexicanus). *Zacauan*: outra ave de plumagem vistosa, de cor amarela dourada. (N.A.)

estava despertando, mandaram um dos corcundas solicitar que o rei Motecuhzoma viesse ao aposento dos artífices.

Entrando, depois de todos fazerem grandes reverências, disseram-lhe: senhor nosso, o trabalho está totalmente pronto; vede aqui, senhor.

Tudo que estava feito satisfez Motecuhzoma. Disse que estava muito bem-feito, ao seu gosto e prazer.

Fez chamar Petlacálcatl, seu mordomo real, e disse-lhe:

– A cada um desses meus avós, dê a cada um deles um carregamento de mantas de dez braças, de oito e de quatro, e mantas ricas, roupas, mantos, anáguas para as minhas avós, milho, sementes, algodão, feijão, a cada um igualmente, e com isso os artífices foram muito contentes para suas casas...[9]

9. Retirado da *Crônica mexicana* de Alvarado Tezozómoc, caps. CVI e CVII. O texto apresentado conserva-se somente em castelhano. Seu autor, Tezozómoc, escreveu também a *Crônica mexicáyotl* em náhuatl. (N.A.)

Capítulo III

As idas e vindas dos mensageiros

Introdução

Falam os textos indígenas, principalmente os informantes de Sahagún, a respeito das várias idas e vindas dos mensageiros de Motecuhzoma às costas do Golfo, onde surgiram os forasteiros. Primeiro são oferecidos alguns textos retirados do *Códice florentino* referentes às instruções dadas por Motecuhzoma a seus mensageiros. Nestes textos aparece claramente a projeção que os nahuas fizeram de suas antigas crenças para explicar a vinda dos espanhóis: pensavam que o recém-chegado era Quetzalcóatl, Nosso Príncipe.

Em continuação, os índios relatam o modo como os mensageiros chegaram ao litoral, sendo ali recebidos pelos espanhóis, a quem entregaram os bens enviados por Motecuhzoma. É particularmente interessante a descrição que os índios fazem dos presentes oferecidos a Cortez e do modo como este tratou de logo atemorizá-los, disparando um arcabuz diante deles.

A terceira parte deste capítulo trata do regresso dos mensageiros de Motecuhzoma ao México-Tenochtitlán e dos informes que dão sobre como eram os espanhóis, seus canhões, os animais em que vinham montados, espécies de "veados" enormes, mas sem cornos, seus cães *et cetera*.

Motecuhzoma instrui seus mensageiros

Motecuhzoma logo deu ordens ao de Cuetlaxtlan, Pínotl, e a todos eles. Disse-lhes:

– Dai ordem: que haja vigilância por todas as partes da margem da água, onde chamamos de Nauhtla, Tuztlan, Mictlancuauahtla. É por onde eles (os forasteiros) saem.

Imediatamente foram-se os mordomos. Deram ordens de que houvesse vigilância.

Por sua parte Motecuhzoma fez junta com seus príncipes:

O Cihuacótl Tlilpotonqui, o Tlacochcálcatl Guappiaztzin, o Tizociahuácatl Quetzalaztatzin, o Huiznahuatlailótlac Hecateupatiltzin. Fez-lhes ouvir o relato e mostrou-lhes, colocou-lhes à vista os colares que havia mandado fazer.

Disse-lhes:

– Admiramos as turquesas azuis. Serão bem guardadas. Os tesoureiros as guardarão bem. Se deixarem alguma perder-se, nossas serão suas casas, nossos serão seus filhos, os que estão no seio materno.

E fez o ano seu turno, que se avizinha ao 13-Coelho. E quando já vai ter fim, ao acabar-se o ano 13-Coelho, vêm a sair, são vistos outra vez.

Rápidos, logo vêm dar conta a Motecuhzoma. Ao sabê-lo, também depressa envia mensageiros. Era como se pensasse que o recém-chegado fosse o nosso príncipe Quetzalcóatl.

Assim estava em seu coração: vir sozinho, sair aqui: virá para conhecer o lugar de seu trono e assento real. Por isso foi-se íntegro, ao tempo que se foi.

Enviou Motecuhzoma cinco dos que o procuraram, que foram entregar os presentes. Eram guiados por um sacerdote, o que tinha a seu cargo e sob seu nome o santuário de Yohualichan.

Em segundo, o de Tepoztlant; em terceiro, o de Tizatlan; em quarto era o de Huehuetlan, e em quinto, o de Mictlan grande.

Disse-lhes:

– Vinde aqui, cavalheiros tigres, vinde aqui.

Diz que voltou outra vez à terra nosso senhor.

Ide a seu encontro, ide fazê-lo ouvir: colocai boa orelha ao que ele vos disser. Boa orelha devereis ter.

Os presentes oferecidos aos recém-chegados

Eis aqui o que haveis de chegar ao nosso senhor:

Este é o tesouro de Quetzalcóatl:

Uma máscara de serpente, feita de turquesas.

Um colete,[1] feito de plumas de quetzal.

Um colar tecido à maneira de esteira: no meio tem colocado um disco de ouro.

Um escudo de ouro, recoberto com conchas de nácar: tem plumas de quetzal nas bordas e umas bandeirolas da mesma plumagem.

Também um espelho dos que se colocam nas costas dos bailarinos, guarnecido com plumas de quetzal. Esse espelho parece um escudo de turquesas: é um mosaico de turquesas, de turquesas está incrustado, ornado de turquesas.

1. No texto original, *travesaño para el pecho*. (N.T.)

E um bracelete de chalchihuites,[2] com pequenas cascavéis de ouro.

Igualmente, um lança-dardos guarnecido de turquesas, de turquesas repleto. É como se tivesse pequenas cabeças de serpentes; tem cabeças de serpentes.

E umas sandálias de obsidiana.

Em segundo lugar ofereceu-lhes os enfeites de Tezcatlipoca:

Um capacete de forma cônica, amarelo, pelo ouro, todo ele cheio de estrelas.

E seus brincos adornados com cascavéis de ouro.

E um colar de concha fina: um colar que cobre o peito, feito com conchas, que parecem espalhar-se desde suas bordas.

E um coletinho todo pintado, com o debrum com seus olhinhos: no debrum há pluma fina que parece espuma.

Um manto de fios atados de cor azul, este chama-se "o notório superior". Ergue-se até as orelhas e aí ata-se.

Também está colocado um espelho para as costas.

E também um jogo de cascavéis de ouro que se atam no tornozelo.

E um jogo de sandálias de cor branca.

Em terceiro lugar, os enfeites de Tlalocan Tecuhtli (senhor de Tlalocan):

Uma peruca de plumas de quetzal e de garça: toda feita de pluma de quetzal, totalmente cheia de plumas de quetzal; parece que verdeja, como se estivesse verdejando, e sobre ela um colete feito de ouro e concha nácar.

Uns brincos em forma de serpente, feitos de chalchihuite.

---

2. *Chalchihuites*: diversos tipos de pedras verdes: jades e jadeítas. (N.A.)

Um pequeno colete matizado de chalchihuite.

Seu colar: um colar de chalchihuites, tecidos em esteira, também com um disco de ouro.

Também um espelho para a parte de trás, tal como se disse, também com pequenos sinos.

O manto com que se cobre, com bordas de anéis vermelhos, e cascavéis para o pé, feitas de ouro.

E seu bastão em forma de serpente com mosaico de turquesas.

Em quarto lugar, também os enfeites de Quetzalcóatl:

Um diadema de pele de tigre com plumas de faisão: sobre ele há uma enorme pedra verde: com esta está enfeitada a cabeça.

E brincos de turquesa, de forma redonda, das quais pende uma argola curva de concha de ouro.

E um colar de chalchihuites tecido em forma de malha: também no meio há um disco de ouro.

E o manto com que se cobre, com debruns vermelhos.

Também para os pés cascavéis de ouro.

E um escudo de ouro, perfurado no meio, com plumas de quetzal ao redor; também com bandeirola de quetzal.

E o cajado curvo, próprio de Ehécatl: curvo em cima, com pedras preciosas brancas, constelado.

E suas sandálias de espuma.

Aí estão todos os tipos de insígnias que se chamam "insígnias divinas". Foram colocadas em posse dos embaixadores. E ainda muitos outros objetos que levaram como presentes de boas-vindas:

Um capacete de concha feito de ouro.

Um diadema de ouro.

Logo isso foi acomodado em cestos, para o transporte em embarcação.

Em relação aos cinco mencionados, Motecuhzoma deu-lhes ordens, dizendo:

– Ide sem demora. Acatai nosso senhor o deus. Dizei a ele:

– "Envia-nos aqui teu lugar-tenente Motecuhzoma. Eis aqui o que te dá como acolhida ao chegares a tua morada do México."

Chegam os mensageiros diante dos espanhóis

Pois quando chegaram à beira do mar, foram transportados, em barcos foram levados a Xicalanco.

Outra vez ali foram colocados em barcos, foram levados pelos marinheiros: todos os objetos foram postos em barcos, foram colocados, foram acomodados.

E já introduzidos em suas canoas, pelo rio foram, chegaram aos barcos daqueles (dos espanhóis), passaram para seus barcos.

Eles (os espanhóis) disseram-lhes:

– Quem sois vós? De onde viestes?

– Viemos do México.[3]

Outra vez disseram-lhes:

– Pode ser ou não ser que vós de lá procedeis, ou talvez estejais inventando; talvez estejais enganando-nos.

Mas seu coração convenceu-se, ficou satisfeito seu coração. Logo colocaram um gancho na proa da nau; com ele foram levantados, depois instalaram uma escada.

3. Os mensageiros de Motecuhzoma e os espanhóis podem entabular estes diálogos desde o início porque Cortez trazia consigo Jerónimo de Aguilar e Malinnczin. Esta última entendia as palavras dos índios ditas em náhuatl, comunicava a Aguilar em maia e finalmente Aguilar traduzia em castelhano para que os conquistadores pudessem entender. (N.A.)

Portanto, subiram à nave. Iam levando os objetos nos barcos. Um a um fizeram a cerimônia de tocar a terra com a boca diante do capitão (ou seja, fizeram reverência e juramento).

Em seguida fizeram um discurso, disseram-lhe:

– Digne-se o deus ouvir: vem render homenagem seu lugar-tenente Motecuhzoma. Ele tem sob seu domínio a cidade do México. Disse: "Cansado ficou, fatigado está o deus".

Em seguida enfeitam o capitão. Colocaram nele, com esmero, a máscara de turquesas, nela estava fixado o adorno de plumas de quetzal.

E desta máscara vão pendendo, nela estão os brincos de um lado e de outro.

E colocaram-lhe o colete. E puseram em seu pescoço o colar de malha: a esteira de chalchihuites: no meio tem um disco de ouro.

Depois, na sua cintura ataram o espelho que cai para trás e também colocaram em suas costas o manto chamado "sineteiro".

E em seus pés colocaram as tornozeleiras que os huastecos usam, consteladas de chalchihuites, com suas cascavéis de ouro.

Também deram-lhe, em sua mão colocaram o escudo que tem enfeites de ouro e de concha nácar; com suas franjas de pluma de quetzal e suas bandeirolas do mesmo material.

Diante do seu olhar puseram as sandálias de obsidiana.

Em relação aos outros três tipos de adereços divinos, não fizeram mais do que colocá-los na sua frente, foram arrumados ali.

Assim as coisas, disse-lhes o capitão:

– Por acaso esta é toda a vossa oferenda de boas-vindas? É com isso que chegais às pessoas?

Os espanhóis recebem os mensageiros de Montezuma.

Disseram eles:

– Isso é tudo: com isso viemos, senhor nosso.

Cortez trata de amedrontar os índios

Então o capitão deu ordens; em consequência, foram atados (os índios); colocaram-lhes ferros nos pés e no pescoço. Feito isso, dispararam o canhão grande.

E neste momento os enviados perderam os sentidos, ficaram desmaiados. Caíram, dobraram-se, cada um para seu lado; já não estavam mais em si.

Os espanhóis, por sua parte, levantaram-nos, ergueram-nos, deram-lhes vinho, e em seguida deram-lhes de comer, fizeram-nos comer. Com isso, recobraram seu alento, reconfortaram-se.

Com isso, disse-lhes o capitão:

– Ouvi: soube, chegou aos meus ouvidos, que os mexicanos são muito fortes, que são muito guerreiros, que são terríveis.

Se é um único mexicano, logo põe em fuga, logo faz retroceder, logo vence, logo sobrepesa, ainda que em verdade sejam dez e por acaso até sejam vinte os guerreiros.

Pois agora meu coração quer ficar convencido: eu quero ver, eu quero provar quão fortes sois vós, quão machos!

Deu-lhes a seguir escudos de couro, espadas e lanças. E além disso (disse):

– Bem cedinho, a aurora chegará: vamos lutar uns com outros: vamos fazer um torneio em duplas; vamo-nos desafiar. Teremos conhecimento das coisas. Vamos ver quem cai no chão!

Responderam ao capitão, disseram-lhe:

– Ouvi, senhor: pode ser que isto Motecuhzoma não nos autorize. Viemos em exclusiva comissão de vosso lugar-tenente, para dar repouso e para dar descanso viemos, para que nos saudemos uns aos outros. Não é de nossa incumbência o que o senhor quer. E se tal coisa venhamos a fazer, é provável que Motecuhzoma fique muito irritado. Por causa disso poderá acabar conosco.

Retrucou o capitão:

– Não, deve ser feito. Quero ver, quero admirar: corre a fama em Castela que sois muito fortes, gente de guerra. Pois agora, comei bem cedo: também eu comerei. Muito ânimo!

Depois despachou-os, fê-los baixar a seu barco (dos índios). Nem bem haviam baixado a sua canoa, remaram fortemente. Remavam com afã ardente. Diziam uns aos outros, angustiados:

– Meus capitães, com todas vossas forças!... Remai esforçadamente. Que não nos aconteça algo aqui. Que nada nos ocorra!...

Com toda pressa chegaram pelo mar até o lugar chamado Xicalaco.

Custaram a recuperar-se ali. Depois, com grande empenho, seguiram seu caminho. Chegaram a Tecpantlayacac. Dali puseram-se a caminho, foram céleres e afobados para Cuetlaxtlan. Como na viagem de ida, ali também descansaram.

E o cuextlaxteca disse-lhes:

– Pelo menos descansem um dia! Ao menos tomem alento!

Mas eles disseram-lhe:

– Isso não! Estamos com pressa; vamos prestar contas ao senhor rei Motecuhzoma. Diremos a ele o que vimos. Coisa digna de assombro. Nunca se viu coisa assim! Ou, por acaso, tu já tinhas ouvido antes?

Regresso dos mensageiros

Depressa, foram-se logo, ao México chegaram. E apenas à noite entraram; somente à noite chegaram.

E quando isso aconteceu, Motecuhzoma já não queria mais saber de dormir, já não queria mais saber de comer. Já ninguém com ele falava. E se alguma coisa fazia, tomava como coisa vã. Quase a cada momento suspirava. Estava desmoralizado, era como se estivesse muito abatido.

E nada que dá alegria, e nada que dá prazer, nenhuma coisa que proporciona deleite interessava-lhe.

E por tudo isso dizia:

– Que acontecerá conosco? Quem em verdade fica em pé?

"Ah, em outro tempo eu fui... Ferido de morte está meu coração! Como se estivesse afogado, angustia-se muito, muito arde!... Fazer o quê, nosso senhor?"

Então deu ordens aos que tinham a função de vigiar, os que guardavam suas coisas mais importantes. Disse-lhes:

– Mesmo que eu esteja dormindo, avisai-me: "Já chegaram aqueles que enviaste ao mar".

Mas quando foram dizer-lhe, cortou rápido:

– Aqui não os quero ouvir. Vou ouvi-los lá em Casa da Serpente. Que vão para lá.

E vindo a dar ordens, disse:

– Que dois prisioneiros sejam sacrificados!

E logo os mensageiros foram para a Casa da Serpente. Também ele, Motecuhzoma. Em seguida, diante deles, foram feitos os sacrifícios. Abriram o peito dos prisioneiros: com seu sangue foram espargidos os mensageiros.

O motivo para acontecer isso foi haverem ido por caminho tão difícil; por haverem visto os deuses;

haverem fixado seus olhos em seu rosto e em sua cabeça. E com os deuses conversaram!...

O que viram os mensageiros

Feito isso, logo prestaram contas a Motecuhzoma. Disseram-lhe de que forma haviam ido admirar e o que estiveram vendo, e como é a comida deles.

E quando ele ouviu o que os enviados comunicaram, muito espantou-se, muito admirou-se. E chamou-lhe a atenção principalmente o alimento deles.

Também muito espanto causou-lhe o ouvir como explode um canhão, como retumba o seu estrépito, e como alguém desmaia; a pessoa fica com os ouvidos aturdidos.

E quando o tiro cai, uma espécie de bola de pedra sai de suas entranhas: vai chovendo fogo, vai destilando labaredas, e a fumaça que dele sai é muito pestilenta, cheira a lodo apodrecido, penetra até o cérebro provocando doença.

Pois se vai contra um morro, é como se quebrasse tudo, abrindo fendas, e se vai contra uma árvore, deixa tudo destroçado, em lascas, como se fosse algo admirável, como se alguém tivesse soprado do interior do canhão.

Seus adereços de guerra são todos de ferro: ferro vestem, ferro põem como capacete em suas cabeças, ferro são suas espadas, ferro seus arcos, ferro seus escudos, ferro suas lanças.

São carregados nos lombos dos seus "veados". Ficam tão altos como os tetos das casas.

Seus corpos estão cobertos por todas as partes, aparecem somente seus rostos. São brancos, são como se fossem de cal. Têm o cabelo amarelo, embora alguns tenham cabelos pretos. Longa é sua barba, também amarela; o bigode também é amarelo. São de cabelo crespo e fino, um pouco encaracolado.

Em relação aos seus alimentos, são alimentos humanos: grandes, brancos, não pesados, como se fossem palha. Como madeira de cana de milho, e como miolo de cana de milho é o seu sabor. Um pouco doces, um pouco melados: come-se como mel, é comida doce.

Pois seus cães são enormes, de orelhas ondulantes e achatadas, de grandes línguas pendentes; têm olhos que derramam fogo, estão largando chispas: seus olhos são amarelos, de cor intensamente amarela.

Suas barrigas, fofas, largas, sulcadas.

São muito fortes e robustos, não param quietos, andam resfolegando, andam balançando a língua. Manchados de cor, como tigres, com muitas manchas coloridas.

Quando ouviu tudo isso Motecuhzoma encheu-se de grande temor, foi como se seu coração ficasse amortecido, encolheu seu coração, ficou abatido pela angústia.[4]

4. Informantes de Sahagún: *Códice florentino*, liv. XII, caps. III e IV (versão de Ángel Ma. Garibay K.). (N.A.)

Capítulo IV
Atitude psicológica de Motecuhzoma

Introdução

Informado pelos relatos de seus mensageiros sobre a chegada desses forasteiros que traziam consigo animais e coisas tão estranhas, o ânimo de Motecuhzoma turvou-se cada vez mais. Os informantes de Sahagún descrevem como enviou todo tipo de magos e feiticeiros para causar algum malefício aos espanhóis e impedir que se aproximassem do México-Tenochtitlán. Em meio a suas dúvidas, pensando que possivelmente fossem deuses, Motecuhzoma enviou também prisioneiros para que fossem sacrificados na presença dos espanhóis. Os informantes descrevem-nos vivamente qual foi a reação dos espanhóis ao ficarem sabendo disso.

O texto indica também por que os conquistadores foram chamados de "deuses". Antes de "inventar" uma imagem capaz de explicar a presença dos forasteiros, por uma espécie de projeção, os índios apoiaram-se no velho mito do retorno de Quetzalcóatl. Pensaram que eram os deuses vindos do céu, os deuses que voltavam.

Os magos fracassaram na sua intenção de causar um malefício aos espanhóis, para lograr que resolvessem afastar-se. Os mensageiros comunicam tudo isso a Motecuhzoma.

No México-Tenochtitlán, tanto Motecuhzoma quanto o povo em geral vivem dias de intenso terror. "Os deuses", ou uns forasteiros estranhos, vindos de além do mar imenso, ameaçam aproximar-se da grande capital asteca. O texto indígena pinta-nos uma espécie de retrato psicológico de Motecuhzoma oprimido pelas dúvidas e vacilações. Ao final vemos o grande tlatoani (o rei) resignado, dominando seu coração para ver e admirar o que haverá de acontecer.

Motecuhzoma envia magos e feiticeiros

Por esses dias precisamente Motecuhzoma despachou uma missão. Enviou quantos pôde, homens desumanos, os agoureiros, os magos. Também enviou guerreiros, valentes, gente de mando.

Eles deviam ter a seu cargo tudo o que fosse mister de coisas de comer: galinhas da terra, os ovos destas, tortillas[1] brancas. E tudo o que aqueles (os espanhóis) pedissem, ou o que satisfizesse o seu coração. Deviam ser bem-vistos.

Enviou prisioneiros para serem sacrificados: é possível que quisessem beber seu sangue. E assim fizeram os enviados.

1. *Tortilla*, prato típico mexicano, fritada, que os astecas já faziam. (N.T.)

Mas quando eles (os espanhóis) viram aquilo (as vítimas) sentiram muito nojo, cuspiram, piscavam; fechavam os olhos, balançavam a cabeça. E a comida que estava manchada de sangue causou náuseas; ensanguentada, fedia muito, provocava asco, como se fosse sangue apodrecido.

E a razão para Motecuhzoma ter feito isso é que acreditava serem deuses, tinha-os por deuses, adorava-os como deuses. Por isso foram chamados, foram designados como "Deuses vindos do céu". E os negros foram chamados de "divinos sujos".

Até então comeram as tortilhas brancas, os ovos, as galinhas e toda espécie de frutos, tais como:

Zapote de árvore (zapotes de vários tipos).[2]

Tezonzapote (mamey).

Aztazapote (zapote branco).

Zapote caca de galinha (talvez o chicozapote).

Camote, cuauchcamote, poxcauhcamote (camote manchado: roxo), xochicamote (camote roxo), tlapalcomato (camote vermelho).

Jícama, mazaxócotl (fruta do veado?), fruta do rio, goiaba (xalxócotl).

Cuauhjilotes, abacates, huajes, tejocotes, capulines, tunas, tunas vermelhas, tunas de doce, tunas de zapote, tunas d'água.

Também comida para os "veados" (cavalos); pontas de espadanas, ervas cortadas.

---

2. A maior parte dos nomes de frutos, em náhuatl e em castelhano, são característicos do México, sem correspondentes em português. *Mamey*, árvore sapotácea de flores brancas e frutos arredondados, parece ser o mesmo *zapote*. Pelo que se nota, o próprio autor encontrou dificuldades em definir os tipos de frutos citados. (N.T.)

E ainda diz que (os enviou) para ver que casta de gente era aquela: talvez pudessem fazer algum feitiço, aplicar-lhes algum malefício. Pode ser que lhes soprassem algum ar, ou provocassem algumas chagas, ou pudessem produzir alguma coisa nesse estilo.

Ou também pode ser que com alguma palavra de encantamento pudessem falar longamente, talvez adoecessem por causa dela, ou morressem, ou quem sabe voltassem para o lugar de onde tinham vindo.

Por sua parte eles fizeram seu ofício, sua comissão para com os espanhóis, mas de nada foram capazes, em absoluto nada puderam fazer.

Motecuhzoma informa-se do fracasso dos magos

Em consequência, logo voltaram angustiados, contaram a Motecuhzoma qual a condição dos espanhóis, e como eram fortes:

– Não podemos competir com eles, perto deles não somos nada!

Portanto, Motecuhzoma deu ordens rigorosas: intimou com raiva, pungentemente mandou, sob ameaça de morte exigiu que os prefeitos e todos os principais, capitães, fossem e cuidassem esmeradamente de tudo o que aqueles pudessem necessitar.

E quando saíram de suas naves (os espanhóis) e enfim vão empreender a marcha até aqui, e já estão em movimento, já vão seguindo seu caminho, foram muito esmeradamente cuidados, receberam honrarias: vinham amparados por eles, que seguiram seu caminho; muito foi feito em favor dos espanhóis.

A angústia de Motecuhzoma e do povo em geral

Pois então, Motecuhzoma matutava sobre aquelas coisas, estava preocupado; cheio de temor, de medo: cismava sobre o que ia acontecer com a cidade. E todo mundo estava muito temeroso. Havia grande espanto e havia terror. Discutiam-se as coisas, falava-se do que já havia ocorrido.

Há juntas, há discussões, espalham-se boatos, há choro, existe um grande pranto, chora-se pelos outros. Caminham com a cabeça baixa, andam cabisbaixos. Entre prantos cumprimentam-se; choram uns com os outros ao se cumprimentarem. Existe a intenção de animar as pessoas, reanimam-se uns aos outros. Fazem carícias aos outros, as crianças são acariciadas.

Os pais de família dizem:

– Ai, meus filhinhos!... O que acontecerá com vocês? Oh, em vocês aconteceu o que está por acontecer!...

E as mães de família dizem:

– Meus filhinhos! Como vocês poderão ver com assombro o que vai acontecer com vocês?

Também foi dito, colocou-se diante dos olhos, fez-se Motecuhzoma saber, comunicou-se e deu-se a ouvir, para que em seu coração ficasse bem marcado:

Uma mulher, aqui dos nossos, está acompanhando eles, vem falando em língua náhuatl. Seu nome, Malintzin; sua casa, Teticpac. Lá na costa primeiramente apanharam-na...

Por essa época também foi quando eles (os espanhóis) faziam com insistência perguntas sobre Motecuhzoma: como era, se por acaso jovem, se homem maduro, se por acaso velho. Se ainda tinha vigor, ou se já tinha jeito de velho, se acaso já era um homem ancião, se tinha a cabeça branca.

E respondiam aos "deuses", aos espanhóis:

– É um homem maduro; não gordo, mas delgado, um pouco magro; não muito franzino, mas de corpo fino.

Motecuhzoma pensa em fugir

Pois quando Motecuhzoma ouvia que se indagava muito sobre ele, que se esquadrinhava sua pessoa, que os "deuses" desejavam muito ver seu rosto, sentia que se apertava o coração, enchia-se de grande angústia. Estava por fugir. Tentava esconder-se, ansiava por esconder-se. Queria esconder-se deles, queria escapulir dos "deuses".

E pensava e teve o pensamento; projetava e teve o projeto; planejava e teve o plano; meditava e andava meditando em ir para o interior de alguma caverna.

E para alguns daqueles a quem tinha entregado o coração, em quem o coração estava firme, em quem tinha grande confiança, fazia-os sabedores disso. Eles diziam-lhe:

– Conhecemos o lugar dos mortos, a Casa do Sol, e a Terra de Tláloc, e a Casa de Cintli. Para lá terá que ir. Lá estará feita tua boa vontade.

Por sua parte ele tinha seu desejo: desejava ir para a Casa de Cintli (templo da deusa do milho).

Assim pôde-se saber, assim divulgou-se entre as pessoas.

Mas não conseguiu isso. Não pôde ocultar-se, não pôde esconder-se. Já não estava firme, já não estava ardoroso; já nada pôde-se fazer.

A palavra dos encantadores tinha transtornado seu coração, estava dilacerado, ficou a girar, deixou-se ficar frouxo e decadente, totalmente incerto e inseguro, sem saber (se poderia ocultar-se) lá onde foi mencionado.

Não fez mais que os esperar. Não fez mais que resolver em seu coração, não fez mais que se resignar; dominou finalmente seu coração, remoeu-se em seu interior, restou apenas a disposição de ver e contemplar o que haveria de acontecer.[3]

3. Informantes de Sahagán: *Códice florentino*, liv. XII, caps. VIII e IX (versão de Ángel Ma. Garibay K.). (N.A.)

Capítulo V

Os espanhóis começam a marcha! Chegada a Tlaxcala e Cholula

Introdução

Não obstante os esforços dos mensageiros de Motecuhzoma para impedir que os espanhóis tratassem de aproximar-se do México-Tenochtitlán, o grupo de Cortez decidiu colocar-se em marcha. Os dois textos indígenas que são transcritos neste capítulo, o primeiro dos informantes indígenas de Sahagún e o segundo da *História de Tlaxcala* de Muñoz Camargo, relatam-nos a chegada dos espanhóis a Tlaxcala e Cholula.

A seção dos informantes indígenas dá conta do primeiro combate havido entre os espanhóis e um grupo de otomíes procedentes de Tecoac. Logo após refere-se a como os tlaxcaltecas decidiram receber os estrangeiros em clima de paz. Chegados os espanhóis, bem rápido os tlaxcaltecas começaram a fazer intrigas contra o povo de Cholula e contra os mexicanos.

É interessante ver a dupla versão que a respeito dos motivos da matança perpetrada pelos espanhóis em Cholula é dada, de uma parte pelos informantes de Sahagún e de outra pelo autor da *História de Tlaxcala*.

Segundo os primeiros, tudo foi devido às intrigas dos tlaxcaltecas "cuja alma ardia contra os de Cholula". A versão da *História de Tlaxcala* é bem diferente: diz que os cholultecas provocaram a sua própria destruição, ao não se submeterem aos espanhóis e ao assassinarem traiçoeiramente Patlahatzin, embaixador tlaxcalteca, que incitava os cholultecas a aliarem-se aos espanhóis. Esta versão, talvez inventada pelos tlaxcaltecas, para desculpar sua participação na matança de Cholula, não encontra corroboração nem na História de Bernal Díaz del Castillo nem nas *Cartas de relación* de Cortez.

Os espanhóis põem-se em marcha

Pois enfim vêm, os espanhóis já puseram-se em marcha para cá.

Um homem de Cempoalla, chamado Tlacochcálcatl, também primeiro haviam-no encontrado quando vieram ver terras e cidades, também vinha falando náhuatl. Este vem-lhes preparando o caminho, este vem-lhes fazendo cortar caminhos, este vem-lhes dando o verdadeiro caminho. Guiava-os, trazia-os, vindo adiante.

E quando a Tecoac chegaram, foi em terra de tlaxcaltecas, onde viviam os seus otomíes. Pois esses otomíes saíram ao seu encontro em som de guerra; com escudos deram-lhes as boas-vindas.

Mas arrasaram os otomíes de Tecoac, que foram totalmente vencidos. Foram divididos em bandas, houve divisão de grupos. Deram canhonaços, assediaram com a espada, flecharam com seus arcos. Não sobrou nenhum, todos pereceram.

E quando Tecoac foi derrotado, os tlaxcaltecas ouviram, souberam: disseram-lhes. Muito amedrontaram-se, sentiram vontade de morrer. Sobreveio-lhes um grande medo, e encheram-se de temor.

Então congregaram-se, em assembleia reuniram-se. Reuniram-se os caudilhos, os capitães juntaram-se. Uns a outros comentavam o fato, e disseram:

– Como faremos? Iremos ao seu encontro? Muito valente e muito guerreiro é o otomí: e em nada tiveram, como em nada olharam!...

Tudo em um olhar, tudo com um volver de olhos, acabaram com o infeliz macehual!...

Pois agora fiquemos do seu lado; façamo-nos seus amigos, sejamos amigos seus. Os de baixo estão arruinados!...

Chegada a Tlaxcala

Pois em seguida vão ao seu encontro, os senhores de Tlaxcala. Levaram consigo comida: galinhas da terra, ovos, tortillas brancas, tortillas finas.

Disseram-lhes:

– Deveis estar fatigados, senhores nossos.

Responderam eles:

– Onde é sua casa? De onde vêm?

Disseram:

– Somos de Tlaxcala. Estais fatigados; estais chegando e estais entrando em vossa terra: Tlaxcala é vossa casa. É vossa casa a Cidade da Águia, Tlaxcala.

Pois lá na antiguidade chamava-se Texcala: seus habitantes designavam-se texcaltecas.[1]

---

1. *Texcala*: "nos penhascos". Essa é a interpretação dada pelos *mexicas* à origem da palavra "tlaxcala", que para os tlaxcaltecas significava: "no lugar das *tortillas* de milho". (N.A.)

Foram conduzidos, foram levados, foram guiados. Fizeram com que entrassem em sua casa real.

Muito honraram-lhes, proporcionaram tudo que lhes era mister, com eles estiveram em união e logo deram-lhes suas filhas.

Logo eles perguntaram:

– Onde é o México? Por que fica tão longe?

Responderam-lhes:

– Já não é tão longe. Talvez cheguem em três dias. É um lugar muito bom. E são muito valentes, muito guerreiros, conquistadores. Por todo lugar andam conquistando.

Intrigas contra os Cholulas

Mas os tlaxcalas há tempo estão em guerra, vêm com ódio, vêm com alma malvada, estão em desgraça, arde-lhes a alma contra os cholulas. Esta foi a razão por que fizeram intrigas (ao Conquistador) para acabar com eles.

Disseram-lhe:

– O nosso inimigo de Cholula é muito mau. Tão poderoso quanto o mexicano. É amigo do mexicano.

Pois quando os espanhóis ouviram isto, foram logo a Cholula. Foram levados pelos tlaxcalas e pelos de Cempoala. Estavam todos em grito de guerra.

A matança de Cholula

Chegada a hora deram gritos, fizeram o anúncio: todos os chefes e também os homens do povo.

Houve reunião no átrio do deus.

Pois quando todos já estavam reunidos, as portas foram fechadas: em todos os lugares onde havia entradas.

Em seguida haverá esfaqueamentos, haverá mortes, haverá luta. Em seu coração, os cholulas nada temiam!

Não com espadas, não com escudos enfrentaram os espanhóis.

Mas sim com perfídia foram mortos, mas sim como cegos morreram, sem saber que estavam morrendo.

Não foi mais que com ciladas que os tlaxcalas jogaram-se em cima.

E enquanto tudo isso era feito, tudo chegava, tudo era dito, tudo era dado a Motecuhzoma ouvir.

Quanto aos enviados, vêm para cá e se vão. Só dão voltas de lá para cá. Já não se ouve, como se gostaria de ouvir, de receber o relato.

De sua parte, as pessoas simples ficam apenas tomadas pelo medo. Não fazem mais do que se sentir desesperadas. É como se a terra tremesse, como se a terra rodopiasse ao redor dos seus olhos. Assim como a gente faz círculos quando dá voltas em torno de uma pessoa. Tudo era um assombro.

E depois de ocorridas as chacinas de Cholula, já colocam-se em marcha, já vão ao México. Vão em círculo, vão em grito de conquista. Vão levantando em redemoinho a poeira dos caminhos. Suas lanças, suas armas, se assemelham a morcegos, vão como se resplandecessem. Assim também explodem. Seus calções de malha, seus cascos de ferro, vão provocando explosões.

Alguns vão vestidos de ferro, vão carregados de ferro, vão reluzindo. Por isso são vistos com grande temor, vão infundindo horror em tudo: são muito assustadores, são horripilantes.

E os cães vão na frente, vão-se antecipando; levam seus focinhos levantados, levam seus focinhos esticados: vão na corrida: vai-lhes caindo a saliva.[2]

---

2. Informantes de Sahagún: *Códice florentino*, liv. XII cap. X (versão de Ángel Ma. Garibay K.). (N.A.)

A versão tlaxcalteca da matança de Cholula

(Texto original em castelhano)

De maneira que dali em diante não se tratava de outra coisa (entre os espanhóis) que colocar gente contra os culhuas mexicanos, o que se fez em bem pouco tempo para não permitir que estes se associassem com os tlaxcaltecas. E para evitar maus pensamentos e outras ocasiões novas ou conspirações, Cortez procurou não abandonar seus novos amigos e confederados, usando como sempre as suas astúcias de astuto capitão que sempre mantinha.

Todos prontos, começaram a marchar e a movimentar seus exércitos espanhóis e tlaxcaltecas com muita ordem de sua milícia, número e tipos de elementos e bastante mantimento para tão grande empresa, com os mais importantes e famosos capitães adestrados para a guerra como costumavam pela maneira antiga. Foram como capitães Piltecuhtli, Acxocécatl, Tecpanécatl, Cahuecahua, Cocomitecuhtli, Quauhtotohua, Textlipitl e muitos outros que por serem tantos e tanta a variedade de seus nomes nem são citados, a não ser os mais destacados que sempre mantiveram fidelidade a Cortez até a consumação de sua conquista.

A primeira entrada que deram foi pelo lado de Cholula, onde governavam e reinavam os senhores que se chamavam Tlaquiach e Tlalchiac, pois os que se sucediam no cargo eram chamados por estes nomes, que querem dizer o maior das alturas e o maior do que está abaixo do chão.

Entrados pois pela província de Cholula, em bem pouco tempo ela foi destruída nas grandes oportunidades criadas e provocadas pelos nativos daquela cidade. Nessa entrada foi destruída e morta uma grande multidão de cholultecas, o sucesso correu por toda terra até o México, onde causou um espanto terrível, mais ainda ao verem e entenderem que os tlaxcaltecas haviam-se aliado aos "deuses", pois assim eram chamados os nossos (os espanhóis) em toda terra deste Mundo Novo sem que fosse possível dar-lhes outro nome.

Tinham tanta confiança em seu ídolo Quetzalcohuatl que os cholulas entenderam que não havia poder humano que os pudesse conquistar ou ofender, ao contrário, acreditaram que podiam acabar com os nossos em pouco tempo, primeiro porque eram poucos, depois porque os tlaxcaltecas haviam trazido os nossos para ali serem exterminados, pois tinham tanta fé em seu ídolo que pensavam que com um raio e com fogo do céu e com águas iriam acabar, destruir e aniquilar os nossos.

Assim diziam e espalhavam a grandes vozes:

– Deixai chegar esses estrangeiros aventureiros, vejamos que poder é o deles, porque nosso deus Quetzalcohuatl está aqui conosco e vai acabar rápido com eles; deixai que esses miseráveis cheguem, agora vamos ver, vamos rir das falsidades e fraudes que trazem, loucos são os que confiam naqueles sodomitas afeminados, que não são mais do que mulheres barbadas de seus homens barbudos, que se entregaram a eles por puro medo. Deixai que cheguem os vendidos, que pagaram os miseráveis com a vida. Olhai os tlaxcaltecas pervertidos, covardes, merecedores de castigo: como se acham vencidos pelos mexicanos, andam procurando forasteiros para se defenderem. Como mudaram em tão pouco tempo, como se rebaixaram para uma gente tão bárbara e forasteira, estrangeira, de um mundo não conhecido? Dizei-nos como conseguistes comprá-los para vossa vingança. Oh, miseráveis de vós que haveis perdido a herança imortal de vossos viris ancestrais do sangue limpo dos antigos teochichimecas, povoadores destas terras inabitáveis! O que será feito de vós, povo perdido? Mas aguardai que breve cairá sobre vós o castigo de nosso deus Quetzalcohuatl.

Essas e outras coisas semelhantes diziam, porque entendiam que com efeito raios de fogo cairiam do céu, e que dos mesmos templos de seus ídolos haveriam de brotar e correr rios caudalosos de água para afogá-los, tanto os tlaxcalas como os nossos, que não pouco temor e espanto causavam aos seus amigos tlaxcaltecas ao acreditarem que aconteceria o que diziam os cholultecas. Diziam, principalmente os arautos do templo de Quetzalcohuatl, tudo isso que assim era noticiado.

Mas, visto pelos nossos tlaxcaltecas, que nossos espanhóis apelidaram de Santiago, que os espanhóis começavam a queimar os templos dos ídolos e a derrubá-los pelo chão, profanando-os com grande terminação, e como viam que não acontecia nada, nem caíam raios nem apareciam rios de água, entenderam a idiotice e deram-se conta de que tudo era falsidade e mentira.

Voltaram assim tão animados que, como deixamos referido, houve nesta cidade tão grande matança e prejuízo, que não se pode imaginar; nossos amigos ficaram cientes do valor de nossos espanhóis, e dali em diante não estimavam cometer maiores crimes, tudo guiado por ordem divina, a serviço de Nosso Senhor para que esta terra ganhasse e resgatasse e saísse do poder do demônio.

Antes desta guerra começar, foram enviados mensageiros e embaixadores à cidade de Tlaxcala aos cholultecas, para rogar e requerer pela paz, dizendo-lhes que não vinham pegá-los, mas os de Culhua, culhuacanenses mexicanos que, como está dito, este era o nome e o sobrenome culhuaque, porque vieram das áreas de Culhuacan do lado do poente, e mexicanos porque assim chamava-se a cidade do México onde viviam com supremo poder: mandaram-lhes dizer pelos tlaxcalas enviados por Cortez que se entregassem em paz, e que não tivessem medo de que os homens brancos e barbudos fossem machucá-los, porque eram gente muito importante e nobre, que queria sua amizade, e assim rogavam-lhes como amigos que os recebessem em paz, pois fazendo assim seriam bem tratados por eles, que não fariam qualquer maltrato, pois se de outra forma ficassem irritados eram gente muito feroz, atrevida e valente, que trazia armas de ferro branco avantajadas e muito fortes.

Diziam assim porque entre eles não havia ferro mas apenas cobre, e porque (os espanhóis) traziam tiros de fogo e animais ferozes atrelados a cordéis de ferro, e calçavam ferro e vestiam ferro, e traziam armamentos poderosíssimos, e leões, e onças muito bravas que devoravam as pessoas, diziam também por causa dos cães galgos e alanos ferozes que com efeito os nossos traziam, que foram de muito efeito, e que dessas não poderiam escapar, se os "deuses" se irritassem e se eles não se entregassem em paz, o que lhes parecia o correto para evitar danos maiores. E que lhes aconselhavam como amigos para que assim fizessem.

Morte do enviado tlaxcalteca

Mas sem fazer caso dessas coisas quiseram apenas seguir sua decisão de não se entregar, preferiam morrer antes, e em vez do bom conselho e de uma boa resposta aos de Tlaxcala, deixaram em carne viva o rosto do embaixador Patlahuatzin, pessoa muito importante e muito estimada. E o mesmo fizeram com suas mãos, esfoladas até os cotovelos, e levava as mãos penduradas, cortadas até os pulsos. E enviaram-lhe dessa maneira com grande crueldade, dizendo-lhe assim:

A matança de Cholula

– Andai e voltai e dizei aos tlaxcalas e a esses outros homens andrajosos, ou deuses ou o que seja, que se são o que dizem que venham, isso é o que damos como resposta.

E assim veio o pobre embaixador cheio de dor e desgraça, o qual causou terrível espanto e pena na república, pois era um dos mais gentis e formosos homens deste Domínio, bondoso e admirado; e diante de atrevimento tão grande e tratamento vil, que matou Patlahuatzin a serviço de sua pátria e república, onde deixou fama eterna entre os seus como contam seus enigmas e cantares. Os tlaxcaltecas ficaram indignados, pois receberam como grande afronta uma coisa jamais acontecida no mundo; já que todos os embaixadores sempre eram respeitados e honrados pelos reis e senhores estrangeiros que com eles tratavam de pazes, guerras e outros acontecimentos comuns entre as províncias e os reinos.

E assim com esta indignação disseram a Cortez:

– Senhor mui valoroso, em vingança de tão grande insolência, maldade e atrevimento, queremos ir contigo arrasar e destruir aquela nação e sua província e que não reste vida para povo tão pernicioso, obstinado e endurecido em sua maldade e tirania, ainda que não fosse por outra coisa além desta, merecem castigo eterno, pois em vez de agradecer nosso bom procedimento quiseram desprezar e ridicularizar nossa afeição a ti.

O valoroso Cortez respondeu com rosto severo dizendo-lhes desta maneira: "Que não tivessem tormento, que ele lhes prometia a vingança", como de fato assim fez, por esta e por outras traições, pôs-se em execução uma guerra cruel contra eles, quando morreram grandes multidões deles como poderá ser visto pela crônica feita sobre a conquista desta terra.

Diziam os cholultecas que iam afogá-los porque tinham o seu ídolo Quetzalcohuatl, que era o ídolo mais venerado de todos que haviam nesta terra, e assim o templo de Cholula era tido como o relicário dos deuses. E diziam que quando alguma fenda se abria por ali saía água. E para que não se afogassem matavam crianças de dois ou três anos, e com o sangue delas misturado à cal, faziam como o zulaque[3] e tapavam os mananciais e fontes que afloravam assim.

E atendo-se a isto os cholultecas diziam que quando enfrentassem algum problema na guerra dos tlaxcaltecas contra os deuses brancos arrombariam tudo que estava represado, e por aí jorrariam fontes de água que os afogariam, e fizeram isso, colocaram em execução, quando viram-se em tão grande perigo como no que se viram.

A ruína de Cholula

Fizessem o que fizessem, não tiveram vantagem alguma, sentiram-se enganados, e como homens desesperados a maioria dos que morreram naquela guerra de Cholula precipitavam-se e jogavam-se de cabeça do cimo[4] do templo de Quetzalcohuatl abaixo, porque esse era um costume muito antigo de sua origem e começo, pois eram rebeldes e teimosos, selvagens de cabeça dura, e tinham como glória morrer morte diferente das de outras nações, e morriam de ponta-cabeça.

Finalmente, a maioria deles morreu desesperada nesta guerra, matando a si próprios. Acabada a guerra de Cholula os cholultecas viram e entenderam que o Deus dos homens brancos tinha mais virtudes e que seus filhos eram mais poderosos. Os nossos amigos tlaxcalas, vendo-se no momento culminante da guerra e da matança, chamavam e rogavam pelo Apóstolo Santiago, dizendo em altas vozes: Santiago, e desde aí que hoje em dia quando se acham em algum perigo os tlaxcalas evocam o Senhor Santiago.

---

3. *Zulaque*: palavra derivada do árabe zulaca; betume, usado para tapar as junções dos canos de água. (N.A.)

4. No original: "del *Cu* de Quetzalcohuatl abajo...". (N.T.)

Os tlaxcaltecas aproveitaram uma advertência que lhes fez Cortez, para que fossem reconhecidos e não morressem por erro entre os inimigos. Porque suas armas e divisas eram quase da mesma forma e havia pouca diferença entre elas, e como era tão grande a multidão de um lado e de outro, na hora do aperto matariam uns aos outros sem reconhecer-se. E assim colocaram na cabeça umas grinaldas de fibras como cordas, e com isso os nossos aliados reconheceram que o alerta foi importante.

Destruída Cholula nesta primeira vez e entrada que se fez, e morta tanta multidão de gente, saqueada e roubada, nossos exércitos foram adiante, provocando grande terror e espanto por onde quer que passassem, posto que a notícia da destruição chegou a toda terra, e às pessoas, perplexas ao saber de coisas tão novas, de como os cholulas foram vencidos e destruídos em tão pouco tempo, de como seu ídolo Quetzalcohuatl não lhes havia ajudado em coisa alguma...[5]

5. *História de Tlaxcala*, de Diego Muñoz Camargo, liv. II, cap. V. (N.A.)

Capítulo VI

Nova remessa de presentes e a aparição de Tezcatlipoca nas cercanias do Popocatépetl

Introdução

O texto seguinte dos informantes indígenas de Sahagún, conservado no *Códice florentino*, relata dois episódios de interesse especial. Os conquistadores, depois da matança de Cholula, continuam sua marcha até o Vale do México em companhia dos tlaxcaltecas.

Estando já nas imediações dos vulcões, no que era chamado pelos índios de Tacho da Águia, vão ao seu encontro novos enviados de Motecuhzoma, encabeçados por Tzihuacpopocatzin. Ao entregar numerosos objetos de ouro aos espanhóis, os índios deliciam-se ao pintar qual foi a reação dos forasteiros: "Encheram a cara de risos... levantavam o ouro como se fossem macacos... ansiavam pelo ouro como porcos famintos...".

Em seguida relata-se o erro de Tzihuacpopocatzin, que tentou fazer-se passar por Motecuhzoma. Fracassado seu intento, temos outra série de enviados. São mais feiticeiros que pretendem impedir a marcha dos conquistadores. Mas estes não se detêm.

A presença misteriosa de um falso bêbado que vai ao encontro dos feiticeiros, profetizando a ruína do México e realizando milagres, faz com que os magos voltem. Eles pensam que lhes apareceu Tezcatlipoca. De volta ao México-Tenochtitlán, contam a Motecuhzoma o que viram. O grande tlatoani asteca fica ainda mais abatido. Fatalmente aceitou o que haveria de acontecer.

A reação dos conquistadores ao receber o ouro

E Motecuhzoma logo envia, dá ordens a vários chefes. São comandados por Tzihuacpopocatzin e muitos outros dos seus numerosos representantes. Foram encontrar (os espanhóis) nas imediações do Popocatépetl, do Iztactépetl, ali no Tacho da Águia.

Deram aos espanhóis bandeiras de ouro, bandeiras de plumas de quetzal e colares de ouro. E quando deram-lhes isso abriram a cara em sorrisos, alegraram-se muito (os espanhóis), estavam deliciados. Erguiam o ouro como se fossem macacos, como se estivessem em pleno gozo, como se o coração os renovasse e os iluminasse.

É certo que anseiam por isso com grande sede. Por isso emporcalham o corpo, têm uma fome furiosa disso. Cobiçam o ouro como porcos famintos.[1]

E as bandeiras de ouro são agitadas de um lado para outro, eles olham de um lado e de outro, eles ficam ansiosos e arrebatados. Estão como quem fala uma língua selvagem; é em língua selvagem tudo o que dizem.

1. O texto náhuatl diz *pitzome*, "porcos da terra". (N.A.)

Tzihuacpopoca finge ser Motecuhzoma

Pois quando viram Tzihuacpopoca disseram:

– Esse por acaso é Motecuhzoma?

Disseram-lhes os que andam com eles, seus agregados, bajuladores de Tlaxcala e de Cempoala, que os acompanham astuta e manhosamente. Disseram-lhes:

– Não é ele, nossos senhores. Esse é Tzihuacpopoca: está como representante de Motecuhzoma.

Disseram-lhe:

– Por acaso tu és Motecuhzoma?

Disse ele:

– Sim, eu sou teu escravo. Eu sou Motecuhzoma.

Mas eles disseram-lhe:

– Fora daqui!... Por que nos iludes? Quem pensas que somos?

"Tu não vais enganar, não vais rir de nós.

"Tu não vais meter medo, não vais cegar nossos olhos.

"Tu não vais olhar atravessado, não vais virar o rosto.

"Tu não vais enfeitiçar nossos olhos, nem vais entortá-los.

"Tu não vais amortecer nossos olhos, nem vais atrofiá-los.

"Tu não vais jogar lama em nossos olhos, nem vais enchê-los de lodo.

"Não és... Motecuhzoma está lá! Não poderá ocultar-se, não poderá esconder-se de nós."

– Aonde poderá ir?

– Será ave e voará? Ou no chão abrirá seu caminho?

– Por acaso haverá de cavar uma caverna[2] para meter-se em seu interior?

---

2. No original: "... *ha de perforar un cerro*...". (N.T.)

– Nós haveremos de vê-lo. Não haverá maneira de não ver o seu rosto.

– Nós ouviremos sua palavra, vamos ouvi-la de seus lábios.

Foi bem assim que o desprezaram, em nada foi respeitado. E mais uma vez fracassou essa oferenda de boas-vindas, essa embaixada de saudação.

Por isso, desde esse momento puseram-se em rumo reto.

Motecuhzoma envia mais feiticeiros

Pois outro grupo de enviados: estes eram feiticeiros, magos e ainda sacerdotes. Também iam, também foram para encontrá-los. Mas também nada puderam fazer ali, não puderam jogar mau-olhado, não puderam dominá-los; não os dominaram de fato. Nem sequer chegaram lá.

Não foi mais que um certo bêbado que tropeçou neles pelo caminho. Saiu ao encontro deles, de repente deram com ele. A forma como o viram: como um homem de Chalco era como estava vestido: um chalca nos enfeites, um chalca na imaginação. Estava bêbado, fingia-se ébrio, simulava ser um beberrão. Tinha o peito atado com oito cordas de capim.

A aparição de Tezcatlipoca

De repente saiu ao seu encalço, quando estavam diante dos espanhóis, quando estavam a ponto de encontrar-se com eles. E não fez mais do que jogar-se contra os mexicanos e disse-lhes:

– Por quê, por vossa vontade, vindes aqui? Que coisa é a que quereis? O que Motecuhzoma está tentando fazer? Será que ainda não readquiriu o juízo? Será que ainda é um infeliz medroso?

"Ele cometeu erros: levou seus vassalos longe demais, destruiu as pessoas.

"Uns jogam-se contra os outros. Uns assassinam os outros.

"Uns revoltam-se contra os outros, uns riem dos outros".

E quando tais coisas ouviram quando escutaram seu discurso, ainda foram procurá-lo em vão. Começaram a suplicar-lhe, prepararam angustiados um andor, um estrado e um trono de capim. Mas então ... já não o viram.

Ainda que o sirvam em vão, ainda que lhe façam um altar em vão, faz de sua boca o oráculo deles. Ali os assusta, os repreende com dureza, como se falasse de longe. Disse-lhes:

– Por que vêm em vão deter-nos aqui? Em breve o México não existirá mais! Com isso, acabou-se para sempre!

"Saiam daqui: aqui não mais! Voltai para lá, por favor! Volvei a vista para o México. O que aconteceu já aconteceu!"

Logo vieram ver, vieram fixar os olhos com rapidez. Todos os templos estão queimando, e todas as casas da comuna, e os colégios sacerdotais, e todos os prédios no México. E tudo é como se houvesse guerra.

E quando os feiticeiros viram tudo isso, seu coração foi-se para quem sabe onde. Já não falaram claramente. Como se tivessem engolido algo. Disseram:

– Não nos cabia ver isso: Motecuhzoma é quem devia ver isto: tudo isso que vimos!...

"Esse não era qualquer um... esse era o jovem Tezcatlipoca!..."

De repente desapareceu: já não o viram mais.

E os enviados já não foram ao seu encontro, já não caminharam até eles. Feiticeiros e sacerdotes voltaram dali mesmo e foram contar tudo a Motecuhzoma. Vieram juntos com os que tinham ido primeiro, com o grupo de Tzihuacpopoca.

A depressão de Motecuhzoma

E quando estes enviados chegaram, contaram a Motecuhzoma como aconteceu, como viram tudo. E quando Motecuhzoma ouviu, fez apenas cair para a frente, ficou com a cabeça inclinada. E não falou palavra. Apenas deixou de falar. Esteve assim cabisbaixo por longo tempo. Tudo o que disse e tudo o que respondeu foi isto:

– Que remédio, meus fortes? Pois com isso já fomos aqui! Com isso já nos deram o merecido! Por acaso há algum morro em que possamos subir? Por acaso haveremos de fugir? Somos mexicanos: por acaso a nação mexicana sairá vitoriosa?

"Dignos de compaixão são o pobre velho, a pobre velha, as crianças que ainda não raciocinam. Onde poderão ser colocados a salvo? Mas... não há remédio... Como quer que seja, ou o que quer que seja... teremos que ver com espanto..."[3]

3. Informantes de Sahagún: *Códice florentino*, liv. XII, cap. XIII (versão do náhuatl por Ángel Ma. Garibay K.). (N.A.)

Capítulo VII

O príncipe Ixtlilxóchitl recebe bem os espanhóis

Introdução

Deixando os vulcões para trás, os espanhóis vieram a sair rumo a Tlalmanalco, com a finalidade de ir logo para o México-Tenochtitlán. Segundo o depoimento do *Códice Ramirez*, pouco depois de haver descido a serra, saiu ao encontro de Cortez o príncipe Ixtlilxóchitl, irmão de Cacamatzin, senhor de Tezcoco, com um séquito em missão de paz.

O *Códice Ramirez*, que conserva fragmentos do mais antigo relato indígena hoje desaparecido, afirma que graças ao príncipe Ixtlilxóchitl o povo de Tezcoco uniu-se com facilidade aos conquistadores, a partir desse momento. E acrescenta que foi precisamente quando então Cortez visitou a cidade de Tezcoco. A respeito desse ponto existem numerosas divergências em outras fontes. Nem Bernal Díaz del Castillo, nem os informantes de Sahagún, nem mesmo dom Fernando de Alva Ixtlilxóchitl mencionam essa primeira visita a Tezcoco, tratam apenas da marcha dos espanhóis até Ixtapalapa, de onde finalmente marcharam até a capital asteca.

De qualquer modo, os fatos relatados pelo *Códice Ramirez* oferecem episódios particularmente interessantes, como por exemplo a reação violenta da índia Yacotzín, mãe de Ixtlilxóchitl, que, ao ser convidada a trocar de religião, respondeu a seu filho que ele devia ter perdido o juízo, "pois tão rápido havia-se deixado vencer por esse punhado de bárbaros que os espanhóis eram".

Entretanto, no México-Tenochtitlán, Motecuhzoma informado da presença dos conquistadores nas proximidades de Tezcoco reúne pela última vez os chefes indígenas para ver se convinha ou não receber os forasteiros pacificamente. Não obstante os agouros de Cuitlahuacatzin, Motecuhzoma decide por fim receber os espanhóis em clima de paz.

Marcha rumo a Tezcoco

(Antiga versão castelhana de um texto indígena)

Os espanhóis ficaram alegres ao ver do alto da serra tantas povoações, houve alguns pareceres de que voltassem a Talxcallan para que fossem em número maior do que eram. Mas Cortez animou-lhes e assim começaram a fechar o cerco de Tezcoco e permaneceram na serra naquela noite. E no outro dia foram caminhando e, a pouco mais de uma légua, chegaram Ixtlilxóchitl[1] e seus irmãos com um grande

---

1. Este Ixtlilxóchitl, como está indicado na nota 15 da Introdução geral deste livro, era irmão de Coanacochtzin, senhor de Tezcoco e filho de Nezahualpilli. Não deve ser confundido nem com Ixtlilxóchitl, "o velho", pai de Nezahualcóyotl, nem com dom Fernando de Alva Ixtlilxóchitl, o historiador. (N.A.)

séquito, os quais no início assustaram Cortez, mas finalmente soube por sinais e por intérpretes que vinham em paz e com isso rejubilou-se. E eles chegaram até os cristãos, e como ensinava-lhes o capitão Ixtlilxóchitl foi a ele com um prazer incrível e o cumprimentou conforme seu costume, e Cortez com o seu, e logo que o viu ficou espantado de ver um homem tão branco e com barbas, o que para ele representava muita majestade, e Cortez espantou-se ao olhar para ele e seus irmãos, especialmente Tecocoltzin, pois não havia espanhol mais branco do que ele.

E enfim, no idioma de Marina e de Aguilar, imploraram (os de Tezcoco) que fosse a Tezcoco para ser presenteado e homenageado. Cortez agradecido aceitou a dádiva, e deixou para lá tratar do motivo de sua vinda.

Chegada à cidade

E aí, a pedido de Ixtlilxóchitl, Cortez e os seus comeram os alimentos que foram trazidos de Tezcoco como presentes, e foram logo para a sua cidade e todo o povo saiu para recebê-los e aplaudi-los.

Os índios jogavam-se de joelhos e adoravam os filhos do sol, seu deus, e diziam que havia chegado o tempo que seu caro imperador Netzahualpitzintli muitas vezes havia previsto. Entraram portanto e foram acomodados no palácio imperial, e ali recolheram-se, onde os deixamos negociar sobre as coisas do México, pois a todo momento chegavam avisos e correspondência para o rei Motecuhzoma, que ficou muito satisfeito com a acolhida que seus sobrinhos deram a Cortez e mais ainda porque Cohuamacotzin e Ixtlilxóchitl dialogaram, pois achou que assim Ixtlilxóchitl mandaria retirar os exércitos que mantinha nas fronteiras; mas de qualquer forma Deus teria ordenado isso.

Agradecido pelo afeto e pelas dádivas que havia recebido de Ixtlilxóchitl e seus irmãos, Cortez quis em troca, pela voz do intérprete Aguilar, declarar-lhes a lei de Deus e assim, havendo reunido os irmãos e alguns senhores, supondo que lhes haviam contado como o imperador dos cristãos havia-lhes enviado de tão longe para pregar-lhes a lei de Cristo, tratou de fazê-los saber que lei era essa.

Explicou-lhes o mistério da criação do homem e seu pecado, o mistério da Trindade e o da Encarnação para salvar o homem, e o da Paixão e da Ressurreição, e tirou um crucifixo e erguendo-o os cristãos puseram-se de joelhos, Ixtlilxóchitl e os demais fizeram o mesmo, e explicando-lhes em seguida o mistério do batismo e demonstrando a sua prática disse-lhes que o imperador Carlos, com piedade deles que se perdiam, enviou-lhes para isto, e assim em seu nome pedia e suplicava-lhes que se considerassem vassalos em reconhecimento; que assim era a vontade do Papa, com cujo poder vinham, e pedindo-lhes a resposta, Ixtlilxóchitl respondeu-lhe chorando e em nome de seus irmãos que ele havia compreendido muito bem aqueles mistérios e dava graças a Deus que o iluminou, que ele queria ser cristão e reconhecer seu imperador.

Ixtlilxóchitl torna-se cristão

E evocou logo o Cristo e adorou-o, e seus irmãos fizeram o mesmo tão satisfeitos com os cristãos que choravam de prazer e pediam que lhes batizassem, e o Cortez e o clérigo que estava ali disseram-lhes que lhes instruiriam melhor e haveria pessoas para catequizá-los. E ele respondeu que já era em boa hora, embora suplicasse para que lhe dessem logo, pois ele já condenava a idolatria e dizia que havia entendido muito bem os mistérios da fé.

Ao notar que houve muitas opiniões contrárias, Cortez determinou que batizassem e Cortez foi seu padrinho e colocaram-lhe Hernando por nome, porque seu senhor chamava-se assim, o que foi feito com muita solenidade. Vestidos com suas roupas reais, Ixtlilxóchitl e seu irmão Cohuamacotzin, deu-se início à origem da lei evangélica, sendo ele o primeiro e Cortez seu padrinho, pelo que o chamou de Hernando, como o nosso rei católico, e Cohuamacotzin chamou-se Pedro por causa de Pedro de Alvarado que foi seu padrinho, e Tecocoltzin também foi chamado de Fernando[2] e Cortez foi seu padrinho, e assim foram os cristãos batizando todos os demais senhores e colocando-lhes seus nomes.

A reação de Yacotzin, mãe de Ixtlilxóchitl

E se fosse possível, naquele dia mais de vinte mil pessoas seriam batizadas, mas mesmo assim foram muitos os batizados, e Ixtlilxóchitl foi logo até sua mãe Yacotzin e contando-lhe o que havia acontecido disse que a procurara para batizá-la.

Ela respondeu que ele devia ter perdido o juízo, pois em tão pouco tempo havia-se deixado vencer por um punhado de bárbaros como eram os cristãos. Ao que dom Hernando respondeu que, se não fosse sua mãe, a resposta seria arrancar-lhe a cabeça dos ombros, o que ainda haveria de fazer, mesmo que não quisesse, o que importava era a vida da alma. Ao que ela respondeu com brandura que a deixasse por enquanto, que outro

2. Nas duas primeiras referências do texto, *Hernando*; na terceira, *Fernando*. (N.T.)

dia olharia em seus olhos e veria o que deveria fazer. Ele saiu do palácio e mandou atear fogo nas salas onde ela estava, ainda que outros digam que foi por encontrá-la num templo de ídolos.

Finalmente ela saiu dizendo que queria ser cristã, e, levando-a até Cortez para isso, batizaram-na com grande cerimônia e o Cortez foi seu padrinho e chamaram-na dona Maria, por ser a primeira cristã. E fizeram o mesmo com suas filhas infantas que eram quatro e muitas outras senhoras. E, como foi dito, em três ou quatro dias que ali estiveram, batizaram um grande número de pessoas.

Última deliberação de Motecuhzoma

Depois disso Motecuhzoma, sabendo o que ocorrera, convocou seu sobrinho Cacama e seu irmão Cuitlahuacatzin e os demais senhores e propôs uma longa discussão sobre receber os cristãos e de que maneira. Ao que Cuitlahuacatzin respondeu que para ele de maneira nenhuma, e Cacama respondeu que ele era de parecer contrário, porque parecia agressão não os deixar entrar, estando nas portas, além do que não ficava bem para um tão grande senhor como seu tio deixar de receber alguns embaixadores de um tão grande príncipe que era aquele que os enviava, além do que se eles fizessem algo que lhe desagradasse poderia mandar castigar sua ousadia tendo tantos e tão valorosos homens como os que tinha.

E isto disse que era seu último parecer, e assim Motecuhzoma, antes que alguém falasse, disse que pensava o mesmo. Cuitlahuacatzin disse:

– Rogai a nossos deuses para que não coloqueis em vossa casa quem vos expulse dela e vos tire o reino, e quiçá quando queirais remediar não haja tempo.

Com o que foi concluído e encerrado o conselho e, embora todos os demais senhores fizessem sinais de que aprovavam este último parecer, Motecuhzoma resolveu que queria recebê-los, hospedá-los e presenteá-los, e que seu sobrinho Cacama fosse recepcioná-los e que seu irmão Cuitlahuacatzin fosse para Iztapalapan e em seus palácios esperasse por eles.[3]

---

3. *Códice Ramirez* (Relato da origem dos índios que habitam esta Nova Espanha segundo suas histórias), fragmentos 3 e 4. (N.A.)

Capítulo VIII

Chegada dos espanhóis ao México-Tenochtitlán

Introdução

Contando com a ajuda de todas as pessoas, que traziam da região de Tlaxcala, os espanhóis encaminharam-se direto ao México. Os textos dos informantes de Sahagún (*Códice florentino*) que a seguir são transcritos começam por descrever a ordem com que os diversos corpos de exército dos conquistadores fizeram a sua aparição.

Aproximando-se do México pelo Sul, pelo caminho de Ixtapalapa, chegaram até Xoloco, lugar que, como diz dom Fernando de Alva Ixtlilxóchitl, chamou-se San Antón e atualmente é chamado de Calzada de San Antonio Abad. O citado Ixtlilxóchitl, em seu *XIII relato*, indica a data precisa em que isto aconteceu: 8 de novembro de 1519.

Frente a frente Motecuhzoma e Cortez, mantiveram um diálogo que os informantes de Sahagún conservaram integralmente. Motecuhzoma chegou a exclamar:

– Não, não é sonho, não me levanto adormecido do sonho, não estou vendo em sonhos, não estou sonhando... acontece que já te vi, ocorre que já deitei meus olhos em teus olhos...

O texto que aqui é transcrito refere-se à própria permanência dos conquistadores na grande capital e seus esforços e intrigas para apoderar-se do ouro guardado na casa do tesouro.

No final deste capítulo são oferecidas breves palavras do já citado *décimo terceiro relato* "da vinda dos espanhóis", escrita por Fernando de Alva Ixtlilxóchitl, que em resumo confirma as palavras dos informantes indígenas de Sahagún.

Motecuhzoma vai ao encontro de Cortez

Feito isso, chegaram (os espanhóis) a Xoloco.[1] Ali chegam ao seu objetivo, ali está a meta.

Nesse meio-tempo Motecuhzoma enfeita-se, engalana-se para ir ao seu encontro. Também os demais grandes príncipes, os nobres, seus magnatas, seus cavalheiros. Já vão todos ao encontro dos que chegam.

Em grandes gamelas colocaram das mais finas flores: a flor do escudo, a do coração; ao meio ergue-se a flor de aroma bom, e a fragrante amarela, a valiosa. São grinaldas, com coletes para o peito.

Também vão levando colares de ouro, colares de grossas contas suspensas, colares de metal trançado.

Pois ali em Huitzillan vai Motecuhzoma ao encontro deles. Em seguida dá presentes ao capitão, ao que comanda as pessoas, e aos que vieram para guerrear. Oferece presentes, põe flores em seus pescoços, dá a eles colares de flores e guirlandas de flores para cruzarem em seus peitos, põe coroas de flores em suas cabeças.

1. *Xoloco*: "na bifurcação". Local onde se bifurcava a estrada que conduzia ao México. (N.A.)

Logo após deposita os colares de ouro, todo tipo de presentes, de obséquios de boas-vindas.

Diálogo de Motecuhzoma e Cortez

Disse Cortez ao Motecuhzoma acabar de dar colares a cada um:

– És tu, por acaso? Então és tu mesmo? É verdade que tu és Motecuhzoma?

Disse-lhe Motecuhzoma:

– Sim, sou eu.

Imediatamente põe-se em pé, levanta-se para recebê-lo, aproxima-se dele e inclina-se, quanto pode dobra a cabeça; assim discursa, assim diz:

– Senhor nosso: estás fatigado, estás cansado: já chegaste à terra. Aportaste à tua cidade: México. Vieste para sentar, para ocupar teu trono. Oh, por breve tempo ficou reservado, foi conservado pelos que já se foram, teus substitutos.

"Os senhores reis, Itzcoatzin, Motecuhzomatzin o velho, Axayácac, Tízoc, Ahuítzotl. Oh, por breve período apenas guardaram para ti, dominaram a cidade do México. Sob sua espada, sob sua guarida o povo era mantido.

"Hão eles de ver e, por acaso, saber dos que deixaram, dos seus pósteros?

"Oxalá um deles estivesse vendo, visse com espanto o que eu agora vejo vir a mim!

"E o que vejo agora: eu sou a sobra, o sobrevivente de nossos senhores.

"Não, não é que eu sonhe, não me levanto adormecido do sonho: não vejo isso em sonhos, não estou sonhando...

"Acontece que eu já te vi, acontece que já coloquei meus olhos em teu rosto!...

"Há cinco, há dez dias eu estava angustiado: tinha o olhar fixo na Região do Mistério.

"E tu vinhas entre nuvens, entre neblinas.

"Era bem como deixaram-nos dito os reis, os que regeram, os que governaram a tua cidade:

"Que haverias de instalar-te em teu assento, em teu domínio, que haverias de vir para cá...

"Pois agora realizou-se: tu já chegaste, com grande esforço, com grande afã.

"Chega à terra: vem e descansa; toma posse de tuas casas reais; dá refrigério ao teu corpo.

"Chegai a vossa terra, senhores nossos!"

Quando Motecuhzoma encerrou o discurso: o marquês ouviu, Malintzin traduziu, deu-se a entender.

E quando percebeu o sentido do discurso de Motecuhzoma, logo deu resposta pela boca de Malintzin. Disse-lhe em língua esquisita; disse-lhe em língua selvagem:

– Tenha confiança, Motecuhzoma, não há nada a temer. Nós te amamos muito. Nosso coração está hoje muito satisfeito. Vemos tua cara, te ouvimos. Faz muito tempo que desejávamos te ver.

E disse mais isto:

– Já vimos, já chegamos a tua casa no México; deste modo, pois, já poderás ouvir nossas palavras, com toda calma.

Em seguida pegaram sua mão e foram-lhe acompanhando. Dão-lhe palmadas nas costas, com o que manifestam seu carinho.

Atitude dos espanhóis e dos outros senhores indígenas

Quanto aos espanhóis, eles olham, olham coisa por coisa. Descem do cavalo, sobem de novo, baixam outra vez, para ir vendo tudo. E estes são todos os magnatas que se colocaram ao seu lado:

O primeiro, Cacamatzin, rei de Tezcoco.

O segundo, Tetlepanquetzaltzin, rei de Tlacopan.

O terceiro, Topantemoctzin, tesoureiro de Motecuhzoma em Tlatilulco.

Estes estavam ali em fila.

E estes são os demais príncipes de Tenochtitlán;

Atlixcatzin, Tlacatécatl.[2]

Tepeoatzin, Tlacochcálcatl.[3]

Quetzalaztatzin, Tizacahuácatl.[4]

Totomotzin.

Hecatempatitzin.

Cuappiatzin.

Quando Motecuhzoma foi preso, esconderam-se, ocultaram-se, deixaram-lhe em abandono com toda perfídia!...

Entrada dos espanhóis no México-Tenochtitlán

E quando haviam chegado e entrado na Casa Real, logo o tiveram sob guarda, o mantiveram sob vigilância. Não foi exclusivamente ele, também junto Itzcuauhtzin. Quanto aos demais, caíram fora.

Isso feito, rápido dispararam um canhão: tudo ficou confuso. Corriam sem rumo, as pessoas dispersavam-se sem que nem por que, debandavam, como se fossem perseguidos.

---

2. *Tlacatécatl*: "o que acomoda os homens". Título militar, designativo de quem já fez quatro prisioneiros. (N.A.)

3. Ver nota 3 do capítulo II. (N.A.)

4. *Tizacahuácatl*: "o que tem a argila e o giz"; funcionário de Tenochtitlán. (N.A.)

Tudo era como se todos tivessem comido cogumelos estupefacientes, como se tivessem visto algo assombroso. O terror dominava a todos, como se todo mundo tivesse perdido o coração. E quando anoitecia, era grande o espanto, o pavor se estendia a todos, o medo dominava todos, por temor perdiam o sono.

Quando amanheceu, logo foi dada a relação do que era necessário para eles: tortillas brancas, galinhas da terra fritas, ovos de galinha, água limpa, lenha, lenha cortada, carvão. Caçarolas amplas, areadas e polidas, jarros, cântaros, bilhas, em suma, todo trabalho de cerâmica. Isso foi o que Motecuhzoma enviou.

Mas os chefes a quem mandava isso já não faziam caso, pois já estavam furiosos, já não lhe acatavam, já não estavam do seu lado. Já não era obedecido.

E, no entanto, levavam nas gamelas, davam tudo aquilo que era exigido. Coisas de comer, coisas de beber e água e pastagem para os cavalos.

Os conquistadores mostram seu interesse pelo ouro

Quando os espanhóis instalaram-se, em seguida interrogaram Motecuhzoma a respeito dos recursos e reservas da cidade: as insígnias guerreiras, os escudos; muito procuravam e muito exigiam o ouro.

E Motecuhzoma rápido vai-lhes guiando. Vai cercado, acossado. Ele vai no meio, vai adiante deles. Vão-lhe comprimindo, vão-lhe acossando.

E quando chegaram à casa do tesouro, chamada Teucalco, tiram para fora todos os objetos feitos com plumas, como coletes de pluma de quetzal, escudos preciosos, discos de ouro, os colares dos índios, as lunetas para o nariz feitas de ouro, as correntes de ouro, pulseiras de ouro, os diademas de ouro.

Imediatamente foi despojado de todos os escudos de ouro, assim como todas as insígnias. E em seguida fizeram uma grande bola de ouro, e botaram fogo, incendiaram, queimaram tudo o que restava, por mais valioso que fosse: com o que tudo ardeu.

Quanto ao ouro, os espanhóis reduziram tudo a barras, e ficaram com todas as chalchihuites que acharam mais bonitas; mas todas as outras desse tipo de pedra ficaram para os tlaxcaltecas.

E andaram por todo lugar, andaram remexendo, reviraram a casa do tesouro, os depósitos, e apoderaram-se de tudo o que viram, de tudo que lhes pareceu bonito.

Os espanhóis apoderam-se das riquezas de Motecuhzoma

Já vão em seguida à casa das riquezas de Motecuhzoma. Ali era guardado o que pertencia a Motecuhzoma, no lugar de nome Totocalco.[5] Como se ali permanecessem unidos, como se fossem loucos davam-se tapas uns nos outros: tão alegre seu coração estava.

E quando chegaram, quando entraram no local dos tesouros, era como se houvessem chegado ao extremo. Enfiavam-se por todos os cantos, tudo cobiçavam para si, estavam dominados pela avidez.

Em seguida foram retiradas todas as coisas que eram de sua propriedade exclusiva; o que a ele pertencia, seu lote próprio; tudo coisa de valor e estima: colares de pedras grandes, pulseiras de fina textura, correntes de ouro, e braceletes, anéis com cascavéis de ouro para atar no tornozelo, e coroas reais, coisa pessoal do rei e apenas a ele reservada. E todo o resto de suas joias, sem número.

5. *Totocalco*: "no local da casa das aves". Nome do jardim zoológico de Tenochtitlán. (N.A.)

Tudo pegaram, de tudo adonaram-se, tudo foi tomado como seu, de tudo apropriaram-se como se fosse deles. E depois que lhe foram tirando todo o ouro, quando tiraram tudo, juntaram o resto, acumularam bem no meio do pátio: era tudo pluma fina.

Pois quando desse modo todo o ouro foi recolhido, logo veio Malintzin chamar, logo veio convocar todos os nobres. Subiu à sacada, na beira da parede, e disse:

– Mexicanos, vinde aqui: os espanhóis já estão ficando aflitos. Pegai o alimento, a água limpa: tudo que é necessário. Que já estão abatidos, já estão esgotados, já estão por desmaiar. Por que não quereis vir? Parece que estais irritados.

Mas os mexicanos absolutamente já não se atreveram a ir lá. Estavam muito temerosos, o medo os dominava, estavam medrosos, um grande espanto pairava sobre eles, havia-se espalhado sobre eles. E ninguém se atrevia a vir até ali: como se uma fera estivesse ali, como se fosse o peso da noite.

Mas não obstante isso, não os deixavam, não eram abandonados. Entregavam-lhes tudo o que era necessário, mesmo que entregassem com medo. Vinham totalmente temerosos, chegavam cheios de medo e entregavam as coisas. E quando iam-se aproximando, não se voltavam, escapavam depressa, iam tremendo.[6]

O depoimento de Alva Ixtlilxóchitl

E assim outro dia (8 de novembro de 1519) Motecuhzoma saiu com seu sobrinho Cacama e seu irmão Cuitlahua e toda sua corte para receber Cortez, que já

6. Informantes de Sahagún: *Códice florentino*, liv XII, caps. XVI e XVII (versão de Ángel Ma. Garibay K.). (N.A.)

nessa ocasião estava onde agora é San Antón, que depois de havê-lo recebido levou-o a sua casa, e o hospedou nas casas de seu pai o rei Axayaca, e fez-lhe muitos favores, e ofereceu-se para ser amigo do imperador, e receber a lei evangélica, e colocaram muita gente de Tezcoco, México e Tlacopan para servir os espanhóis. E depois de quatro dias os espanhóis estavam no México muito satisfeitos, servidos e regalados...[7]

7. Alva Ixtlilxóchitl, Fernando, *XIII relato*: "Da vinda dos espanhóis e início da lei evangélica". (N.A.)

Capítulo IX

A matança do Templo Maior na festa de Tóxcatl[1]

Introdução

Estabelecidos os espanhóis no México-Tenochtitlán, Motecuhzoma praticamente se converteu em prisioneiro de Cortez. Vários textos indígenas, como o *Códice Ramirez*, a *XIII relación* de Ixtlilxóchitl, o *Códice Aubin* etc., se referem de maneira direta à matança preparada por dom Pedro de Alvarado, durante a festa de Tóxcatl, celebrada pelos nahuas em honra de Huitzilopochtli.

Hernán Cortez havia se ausentado da cidade para ir combater a Pánfilo de Narváes, que tinha vindo prender o conquistador por ordem de Diego Velázquez, governador de Cuba. Alvarado "El Sol", como o chamavam os mexicas, traiçoeiramente levou a cabo a matança,

1. A festa de Tóxcatl. Disse Sahagún: "esta festa era a principal de todas as festas: era como Páscoa e caía próxima à Páscoa da Ressurreição, poucos dias depois..." (Op. cit., t.s.p. 114). (N.T.)

quando a festa alcançava seu maior esplendor. Aqui são oferecidos dois testemunhos, conservados em náhuatl e que pintam com um realismo comparável ao dos grandes poemas épicos da antiguidade clássica os mais dramáticos detalhes da traição urdida por Alvarado.

Primeiramente ouviremos o testemunho dos informantes indígenas de Sahagún, que nos narram os preparativos da festa, o modo como os índios faziam com massa de bredo a figura de Huitzilopochtli e como rapidamente, próximo ao meio da festa, os espanhóis atacaram traiçoeiramente os mexicas. Os informantes nos falam em seguida da reação dos índios, do sítio que impuseram aos espanhóis refugiados nas casas reais de Motecuhzoma. O quadro termina, quando chega a notícia de que Cortez está de volta. Os índios "se puseram de acordo em que não se deixariam ver, que permaneceriam ocultos, estariam escondidos... como se reinasse a noite profunda...".

Depois de transcrever o texto dos informantes de Sahagún, se oferecerá também neste capítulo a breve descrição da mesma matança da festa de Tóxcatl que nos é dada pelo autor indígena do *Códice Aubin*. Se trata de um pequeno quadro sobre o qual Garibay escreveu: "Literariamente falando, não ficaria mal em nenhuma literatura tal forma de narração, em que vemos, vivendo e padecendo, o povo de Tenochtitlán ante a acometida de Tonatiuh (Alvarado), tão belo como malvado".

Os preparativos da festa de Tóxcatl

Logo pediram (os mexicanos) a festa de Huitzilopochtli. E quis o espanhol ver como era a festa, quis admirar e ver como se festejava.

Logo deu ordem Motecuhzoma: uns entraram na casa do chefe, foram deixar-lhe a petição.

E quando veio a licença de onde estava Motecuhzoma encerrado, logo se põem a moer a semente de chicalote,[2] as mulheres que jejuavam durante o ano, e isso o fazem lá no pátio do templo.

Saíram os espanhóis, muitos se juntaram com suas armas de guerra. Estavam enfeitados, estavam armados. Passam entre elas, se põem junto a elas, as rodeiam, as estão vendo uma por uma, lhes vêm a cara das que estão moendo. E depois que as viram, logo se meteram na grande Casa Real: como se soube logo, se diz que já naquele tempo tinham a intenção de matar a gente, se saíssem por ali os varões.

Fazem a figura de Huitzilopochtli

E quando chegou a festa de Tóxcatl, ao cair da tarde, começaram a dar corpo, a fazer em forma humana o corpo de Huitzilopochtli, com seu semblante humano, com toda a aparência de homem.

E isto o faziam na forma de corpo humano somente com semente de bredos: com sementes de bredos de chicalote. O colocavam sobre uma armação de varas e o fixavam com espinhos, lhe davam suas pontas para firmá-lo.

Quando a figura já estava formada, logo a emplumavam e lhe faziam na cara sua própria pintura, ou seja, riscos que atravessavam seu rosto através dos olhos. Lhe colocavam suas orelhas de mosaico de turquesa, na forma de serpentes, e de suas orelhas de turquesa está pendente o anel de espinhos. É de ouro, tem forma dos dedos do pé, está elaborado como dedos do pé.

A insígnia do nariz feito de ouro, com pedras engastadas, à maneira de flecha de ouro incrustada de

2. *Chicalote*: erva medicinal e comestível (argemona mexicana). (N.A.)

pedras finas. Também desta insígnia pendia um anel de espinhos, de raios transversais no rosto. Este enfeite facial de raios transversais era de cor azul e de cor amarela. Sobre a cabeça, lhe colocavam um adorno mágico de plumas de colibri. Também logo lhe colocavam o chamado anecúyotl[3] de plumas finas, de forma cilíndrica, mas fazia a parte do remate aguçado, de forma cônica.

Logo lhe colocavam no colo um enfeite de plumas de papagaio amarelas, do qual está pendente uma franja escalonada à semelhança das mechas de cabelo que trazem os rapazes. Também sua manta de forma de folhas de urtiga, com tintura negra: tem em cinco lugares mechas de pluma fina de águia.

O envolvem todo também com seu manto inferior, que tem pintadas caveiras e ossos. E por cima lhe vestem seu colete. E este está pintado com membros humanos despedaçados: todo ele está pintado de crânios, orelhas, corações, intestinos, tórax, tetas, mãos, pés.

Também seu *maxtle*.[4] Este *maxtle* é muito precioso e seu adorno também é de membros rasgados, e sua

---

3. *Anecúyotl*: Insígnia de Huitzilopochtli. (N.A.)

4. *Maxtle*: propriamente máxtlatl era peça do vestuário masculino que cobria as partes pudicas. Jacques Soustelle em *La Vie Quotidiene des Aztèques*, Hachette, Paris, 1955, descreve assim o máxtlatl: "Era um pano que dava volta ao redor da cintura, passando entre as pernas e amarrado na frente, deixando cair na frente e atrás seus dois extremos adornados com frequência com bordados e franjas. Seja numa forma muito simples, um corte de tecidos sem adorno, ou em formas muito elaborada, o máxtlatl apareceu desde os tempos mais antigos entre os olmecas e os maias. No século XVI todos os povos civilizados do México o usavam, com exceção dos tarascos ao oeste e os huastecos ao noroeste, o que não deixava de escandalizar um pouco aos mexicanos do centro". (N.A.)

franja é de puro papel, ou seja, de papel de figueira, um quarto de largura, de comprimento vinte. Sua pintura é de raios verticais de cor azul-claro.

Nas costas leva colocada como uma carga sua bandeira cor de sangue. Esta bandeira cor de sangue é de puro papel. Está tingida de vermelho, como tingida de sangue. Tem uma pedra de sacrifício como coroamento, e esse é feito somente de papel. Igualmente está pintado com raios vermelhos cor de sangue.

Carrega seu escudo: é construído de bambu, feito de bambu. Por quatro partes está adornado com uma mecha de plumas finas de águia: está salpicado de plumas finas; se lhe denomina tchuehuelli. E a bandeirola do escudo está igualmente pintada de cor de sangue, como a bandeira das costas. Tinha quatro flechas unidas ao escudo.

Sua fita na forma de pulseira está em seu braço: fitas de pele de coiote, e destas pendem papéis cortados em tiras curtas.

O princípio da festa

Pois quando havia amanhecido, já em sua festa, bem pela manhã, lhe descobriram a face aqueles que haviam feito voto de fazê-lo. Permanecendo em fila diante do ídolo, começaram a queimar incenso em sua honra, e em frente dele colocaram todo o tipo de oferendas: comida de jejum (ou acaso comida de carne humana) e rodelas de sementes de bredos condensados.

E estando assim as coisas, já não o levantaram, já não o levaram à sua pirâmide.

E todos os homens, os guerreiros jovens, estavam como que totalmente dispostos, com todo seu coração iam celebrar a festa, a comemorar a festa, para com ela mostrar e fazer ver e admirar os espanhóis e pôr-lhes as coisas defronte.

Começa a marcha, é a corrida: todos vão em direção do pátio do templo para ali dançar o baile do serpentear. E quando todo mundo estava reunido, se deu início, se começou o canto, e a dança do serpentear.

E os que tinham jejuado uma vintena e os que tinham jejuado um ano andavam na frente da gente: mantinham na fila a gente com seu bastão de pinho.

E se alguém desejava urinar, tirava sua roupa dos quadris e seu penacho partido de plumas de garça.

Mas aquele que se mostrava desobediente, o que não seguia a gente na ordem devida, e via como queria as coisas, logo o golpeavam nos quadris, o golpeavam na perna, o golpeavam no ombro. Para fora do recinto o jogavam, violentamente o expulsavam, lhe davam tais empurrões que caía de bruços, ia dar com a cara na terra: ninguém se atrevia a contestar.

Eram mui dignos de veneração aqueles que por um ano haviam jejuado; se lhes temia; por título próprio e exclusivo tinham o de "irmãos de Huitzilopochtli".

Agora bem, iam na frente da dança guiando a gente os grandes capitães, os grandes valentes. Passavam em seguida os jovenzinhos, embora sem juntar-se àqueles. Os que tinham a mecha que caracteriza os que não tinham sido feito cativos, os mechudos, e os que levavam o adorno como um cântaro: os que fizeram prisioneiros com ajuda alheia.

Os bisonhos, os que se chamavam guerreiros jovens, os que já fizeram um cativo, os que já pegaram um ou dois cativos, também os iam cercando. A eles lhes diziam:

– Fora, amigões, mostrai à gente (vosso valor), em vós se vê!

Pois assim estão as coisas, enquanto se está gozando a festa, já é o baile, já é o canto, já enlaçam um canto com outro, e os cantos são como um estrondo de ondas, nesse preciso instante os espanhóis tomam a determinação de matar a gente. Logo todos vêm para cá, todos vêm em armas de guerra.

Vêm a fechar as saídas, as passagens, as entradas. A Entrada da Águia, no palácio menor; o de Acatliyacapan (Punta de la Caña), a de Tezcacoac (Serpente de Espelhos). E logo que fecharam em todas elas se fixaram: já ninguém podia sair.

Dispostas assim as coisas, imediatamente entram no Pátio Sagrado para matar a gente. Vão a pé, levam seus escudos de madeira, e alguns levam os de metal e suas espadas.

Imediatamente cercam os que dançam, se lançam ao lugar dos atabaques: deram um talho no que estava tocando: lhe cortaram ambos os braços. Logo o decapitaram: longe caiu sua cabeça cortada.

A todos esfaqueiam, lanceiam a gente e lhes dão talhos, com as espadas os ferem. A alguns lhes acometem por detrás; imediatamente caem por terra dispersas suas entranhas. A outros lhes dilaceram a cabeça: lhes cortaram a cabeça, ficou inteiramente em pedacinhos a sua cabeça.

Mas a outros lhes deram talhos nos ombros: desmembrados, desgarrados ficaram seus corpos. Àqueles os ferem nas coxas, a estes nas panturrilhas, e aos demais em pleno abdômen. Todas as entranhas caíram por terra. E havia alguns que ainda em vão corriam: iam arrastando os intestinos e pareciam enredar os pés neles. Ansiosos para se porem a salvo, não achavam para onde dirigir-se.

Pois alguns tentavam sair: ali na entrada os feriam, os apunhalavam. Outros escalavam os muros; mas não podiam salvar-se. Outros se meteram na casa comum; ali se puseram a salvo. Outros se meteram entre os mortos, fingiram-se de mortos para escapar. Aparentando estar mortos, se salvaram. Mas se, no entanto, alguém se colocava de pé, o viam e o esfaqueavam.

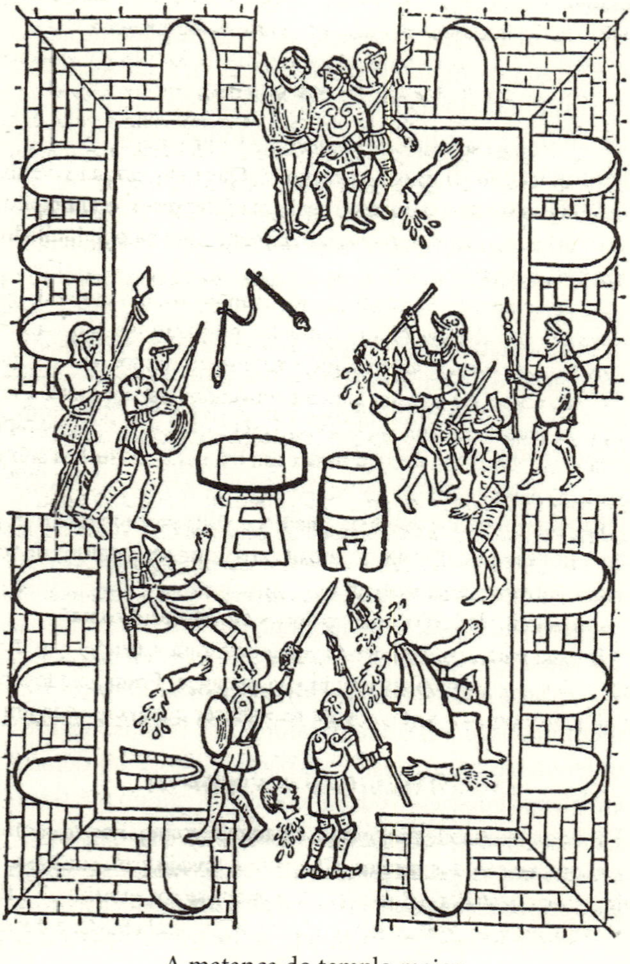

A matança do templo maior

O sangue dos guerreiros como se água fosse corria: como água que se encharcou, e em redor do sangue se lançava ao ar, e das entranhas que pareciam arrastar-se.

E os espanhóis andavam em qualquer parte em busca das casas da comunidade: em qualquer parte lançavam estocadas, buscavam coisas: se alguém estivesse oculto ali; por onde andassem, a tudo averiguavam. Nas casas comunais por todas as partes rebuscavam.

A reação dos mexicas

E quando se soube fora, começou uma gritaria:

– Capitães, mexicanos... venham cá. Que todos armados venham: suas insígnias, escudos, dardos!... Venham cá depressa, corram: mortos são os capitães, mataram nossos guerreiros!... Hão sido aniquilados, ó capitães mexicanos!

Então se ouviu o estrondo, se alçaram gritos, e o ulular da gente que se golpeava os lábios. Num momento agruparam-se, todos os capitães, como se tivessem sido avisados: trazem seus dardos, seus escudos.

Então começa a batalha: lutam com venábulos, com setas e ainda com dardos, com arpões de caçar aves. E seus dardos furiosos e rapidamente lançam. Como se fossem uma capa amarela, as flechas sobre os espanhóis se estenderam.

Por sua parte os espanhóis imediatamente se aquartelam. E eles também começaram a flechar os mexicanos, com seus dardos de ferro. E dispararam o canhão e o arcabuz.

Imediatamente colocaram grilhões em Motecuhzoma.

De sua parte, os capitães mexicanos foram retirados um depois do outro, dos que haviam sucumbido na matança. Eram levados, eram separados, faziam-se pesquisas para reconhecer quem era cada um.

O pranto pelos mortos

E os pais e as mães de família alçaram o pranto. Foram chorados, se fez a lamentação dos mortos. Cada um é levado para sua casa, mas depois os trazem ao Pátio Sagrado: ali reúnem-se aos mortos; ali a todos juntos os queimaram, em um sítio definido, o que se chama Cuauhxicalco (Urna da Águia). Mas a outros os queimaram somente na Casa dos Jovens.

A mensagem de Motecuhzoma

E quando o sol ia ocultar-se, quando havia apenas um pouco de sol, veio a dar pregão Itzcuauhtzin, desde a açoteia gritou e disse:

– Mexicanos, tenochcas, tlatelolcas: lhes fala o vosso rei, o senhor, Motecuhzoma; os manda dizer: que o ouçam os mexicanos:

"Pois não somos competentes para igualá-los, que não lutem os mexicanos. Que se deixe em paz o escudo e a flecha.

"Os que sofrem são os velhos, as velhas, dignas de lástima. E o povo de classe humilde. E os que não têm discrição ainda: os que apenas tentam pôr-se em pé, os que gatinham. Os que estão no berço e em sua camilha de pau: os que ainda de nada se dão conta.

"Por esta razão disse vosso rei:

'– Pois não somos competentes para fazer-lhes frente, que se deixe de lutar.' A ele hão carregado de ferros, lhe hão posto grilhões aos pés".

Quando acabou de falar Itzcuauhtzin, lhe dirigiram uma grande gritaria, lhe disseram opróbrios. Se aborreceram ao extremo os mexicanos, raivosos se encheram de cólera e lhe disseram:

– O que é que diz esse maldito Motecuhzoma? Já não somos seus vassalos!

Logo se alçou o estrondo da guerra, foi crescendo rapidamente o clamor guerreiro. E também imediatamente caíram flechas na açoteia. Rapidamente os espanhóis cobriram com seus escudos a Motecuhzoma e a Itzcuauhtzin, não fosse isso cairiam sobre eles as flechas dos mexicanos.

A razão de terem os mexicanos irritando-se tanto foi que tinham matado os guerreiros, sem que eles sequer se dessem conta do ataque, o haver morto aleivosamente a seus capitães. Não se iam, nem desistiam.

Os mexicas sitiam os espanhóis

Estavam sitiando a casa real; mantinham vigilância, a não ser que alguém entrasse às escondidas e em segredo levasse alimentos. Também desde logo terminou todo o fornecimento de víveres: nada em absoluto se lhes entregava, como que para lhes matar de fome.

Mas aqueles que ainda em vão tratavam de comunicar-se com eles, lhes davam algum aviso; tentavam reconciliar-se com eles dando em segredo alguns alimentos; se eram vistos, se eram descobertos, ali mesmo os matavam, ali se acabava com eles. Ou já lhes quebravam a cerviz, ou a pedradas os matavam.

Certa vez foram vistos uns mexicanos que introduziam peles de coelho. Eles deixaram escapar a palavra de que com eles entravam outros às escondidas. Por isso se deu estrita ordem de que se vigiasse, se cuidasse com esmero por todos os caminhos e por todas as acéquias. Havia grande vigilância, havia guardas cuidadosos.

Sendo assim, os que introduziam peles de coelho eram trabalhadores enviados dos mordomos de Ayotzintepec e Chinantlan. Ali não mais renderam o alento, ali se acabou seu ofício: em uma acéquia os espancaram com forquilhas de pau. Ainda contra si mesmos se lançaram os tenochcas: sem razão alguma aprisionavam os trabalhadores. Diziam: "Este é!". E logo o matavam. E se por ventura viam alguém que levasse sua argola de cristal, logo o pegavam rapidamente e o matavam. Diziam:

– Este é quem anda entrando, ele que está levando de comer a Motecuhzoma.

E se viam alguém coberto com o aiate próprio dos trabalhadores, também o agarravam rapidamente. Diziam:

– Também este é um desgraçado, que traz notícias infaustas: entra a ver a Motecuhzoma.

E ele que em vão pretendia salvar-se, lhes suplicava dizendo:

– O que fazeis, mexicanos? Eu não sou!

Eles lhe diziam:

– Sim, tu, infeliz!... Não eras acaso um criado?

Imediatamente ali o matavam.

Deste modo estavam fiscalizando as pessoas, andavam cuidadosos de todos: não mais examinaram sua cara, seu ofício: não mais estavam vigiando as pessoas os mexicanos. E a muitos por fingido delito os justiçaram, aleivosamente os mataram, pagaram um crime que não haviam cometido.

Mas os demais trabalhadores se esconderam, se ocultaram. Já não deixavam ser vistos pela gente, já não se apresentavam ante a gente, já não iam à casa de ninguém: estavam muito temerosos, medo e vergonha os dominavam e não queriam cair nas mãos dos outros.

Quando haviam encurralado os espanhóis nas casas reais, por espaço de sete dias estiveram dando-lhes batalha. E os tiveram em xeque durante 23 dias.

Durante estes dias as acéquias foram desenvolvidas; se abriram, se ensancharam, se lhes pôs madeiras, aprofundaram suas cavidades. E se fez difícil a passagem por todas partes, se puseram obstáculos dentro das acéquias.

E quanto aos caminhos, se lhes pôs cercos, se pôs parede de impedimento, se fecharam os caminhos. Todos os caminhos e ruas foram obstruídas.[5]

A versão da matança segundo o *Códice Aubin*

Em Tóxcatl levantavam para o alto o ídolo. Mataram os cantores quando começava o baile. Não mais o viu Motecuhzoma e disse a Malintzin:

– Chegou a festa de nosso deus: é daqui a dez dias. Vamos ver se o levantamos. Farão incensações e somente dançaremos quando se façam os pães de bredos. Embora haja um pouco de ruído, isso será tudo.

Disse então o capitão:

– Está bem. Que o façam. Já ouvi.

Logo partiram, foram encontrar outros espanhóis que chegavam. Só o Sol permaneceu aqui. E quando chegou a hora na conta dos dias, logo disse Motecuhzoma a este:

– Favor escutar: aqui estais vós. Logo é a festa de deus; está próxima a festa em que devemos festejar o nosso deus.

---

5. Informantes de Sahagún: *Códice florentino*, liv. XII, caps. XIX, XX e XXI (versão de Ángel Ma. Garibay K.). (N.A.)

Disse aquele:

– Que o façam: de algum modo lá estaremos!

Logo disseram os capitães:

– Favor chamar a nossos irmãos maiores.

E disseram os irmãos maiores:

– Quando estes chegarem, logo lhes dão ordens; lhes dizem:

– Que se coloque muito empenho nisto para que se faça bem.

E disseram os irmãos maiores:

– Que com forte impulso se faça.

Então disse Tecatzin, o chefe da armaria:

– Favor saber ao senhor que está ante nós. Assim se fez em Cholula: não mais os encerrarão em uma casa! Também agora a nós se hão postas difíceis as coisas. Que em cada parede estejam escondidos nossos escudos!

Disse então Motecuhzoma:

– Estamos por acaso em guerra? Que haja confiança.

Logo disse o chefe de armas:

– Está bem.

Logo começa o canto e o baile. Vai guiando a gente um jovem capitão; tem sua argola já colocada: seu nome, Cuatlázol, de Tolnáhuac. Apenas começara o canto, um a um vão saindo os cristãos; vão passando entre a gente, e logo de quatro em quatro foram postar-se nas estradas.

Então vão e dão um golpe no que está guiando a dança. Um dos espanhóis dá um golpe no nariz da imagem de deus. Então esbofeteiam os que tocavam os atabaques. Dois tocavam o tamboril, e um de Atempan batia o atabaque. Então foi um alvoroço geral, com o qual sobreveio completa ruína.

Neste momento um sacerdote de Acatl iyacapan[6] começou a gritar apressadamente; dizia em alto brado:

– Mexicanos, não é por acaso guerra? Tenhais confiança! Que em sua mão tenhas escudos dos cativos!

Então atacam somente com paus de abeto. Mas quando veem, já estão feito migalhas pelas espadas.

Então os espanhóis se escondem nas casas onde estão alojados.[7]

6. *Acatl iyacapan*: "Na ponta do canavial". Sítio dentro do templo maior. (N.A.)

7. *Códice Aubin*, Edic. de A. Penafiel, p. 84 e ss. (Versão de Ángel Ma. Garibay K.). (N.A.)

Capítulo X

Regresso de Cortez: a noite triste

Introdução

Tendo vencido Cortez a Pánfilo de Narváez, regressou com maior número de soldados a México-Tenochtitlán. Os informantes de Sahagún relatam o modo como foi recebido. Os mexicas se puseram de acordo em não deixar-se ver. Estavam na espreita para dar início à batalha.

Segundo os mencionados informantes, Cortez fez disparar os canhões ao entrar nas casas reais de Motecuhzoma. Este foi o sinal que deu início à guerra. Durante quatro dias se lutou com fervor.

Foi quando os espanhóis jogaram à beira d'água os cadáveres de Motecuhzoma e de Itzcuauhtzin. Como escreve dom Fernando de Alva Ixtlilxóchitl, com certeza não se sabe como morreu Motecuhzoma: "Dizem que um dos índios lhe atirou uma pedrada da qual morreu; embora digam os vassalos que os mesmos espanhóis o mataram e pelas partes baixas lhe meteram a espada".

O texto indígena narra os funerais de Motecuhzoma e o duro juízo que sobre sua atuação pública formularam alguns mexicas. Passados sete dias os espanhóis se prepararam para à noite abandonar a México-Tenochtitlán.

Então aconteceu a desforra dos guerreiros mexicas, que se conhece como a Noite Triste. Os índios nos pintam a forma em que teve lugar o assédio aos espanhóis que fugiam pela Calçada de Tacuba. Os que conseguiram escapar foram refugiar-se no rumo de Teocalhueyacan, onde foram recebidos ao som da paz.

O texto dos informantes que aqui se transcreve conclui narrando o que acontecia neste ínterim no México-Tenochtitlán, onde os guerreiros mexicas vitoriosos repartiam entre si os despojos de guerra tomados aos espanhóis.

Na forma de pequeno apêndice a este capítulo se transcreve a breve notícia que sobre estes fatos nos conserva dom Fernando de Alva Ixtlilxóchitl em sua mencionada *XIII relación.*

Os espanhóis abandonam de noite a cidade

Quando anoiteceu, quando chegou a meia-noite, saíram os espanhóis em compacta formação e também todos os tlaxcaltecas. Os espanhóis iam na frente e os tlaxcaltecas os iam seguindo, iam junto a suas costas. Como se fossem um muro se estreitavam com eles.

Levavam consigo pontes portáteis de madeira: as foram pondo sobre os canais: sobre elas iam passando.

Naquela ocasião estava chovendo, ligeiramente como orvalho, eram gotas ligeiras, como quando se rega, era uma chuva muito miúda.

Ainda puderam passar os canais de Tecpantzinco, Tzapotlan, Atenchicalco. Mas quando chegaram ao de Mixcoatechialtitlan, que é o canal que se acha em quarto lugar, foram vistos: já se vão longe.[1]

Sua fuga é descoberta

Uma mulher que pegava água os viu e num instante deu um grito e disse:

– Mexicanos... Venham até aqui: já se vão, já estão passando os canais vossos inimigos!... Se vão às escondidas!...

Então gritou um homem sobre o templo de Huitzilopochtli. Seu grito espalhou-se bem entre a gente, todo mundo ouvia seu grito:

– Guerreiros, capitães, mexicanos... Se vão os vossos inimigos! Venham persegui-los. Com barcas defendidas com escudos... com todo o corpo no caminho.

Começa a batalha

E quando isto se ouviu, logo um rumor se alçou. Logo se colocam em plano de combate os que têm barcas

1. De acordo com o dr. Affonso Caso em "Los Barrios Antiguos de México e Tlatelolco". (*Memórias de la Academia Mexicana de la Historia*, t. XV, núm. l, janeiro-março de 1956), podem identificar-se estes canais, assinalando sua provável localização: Tecpantzinco "seguramente dava sobre o Caminho de Tacuba...", "Talvez fosse a acéquia de S. Juan de Letrán". Tzapotlan: Estava no bairro do mesmo nome. "Seguramente em 1519 pertencia este bairro a uma boa parte do que hoje é a Alamedad." Atenchicalco: "na borda dos caranguejos" e Mixcoatechialtitlan: "é o mirador de Mixcóatl", ambas acéquias "devem ter estado compreendidas entre as ruas de S. Juan de Letrán e Zarco." (N.A.)

defendidas. Seguem, remam afanosos, açoitam suas barcas, vão dando fortes remadas a suas barcas. Se dirigem até Mictlantonco, até Macuiltlapilco.

As barcas defendidas por escudos, por um lado e outro vêm a encontrá-los. Se lançam contra eles. Eram barcas das guarnições de Tenochtitlán, eram barcas das guarnições de Tlatelolco.

Outros também foram a pé, se dirigiram linearmente a Nonohualco, caminhando até Tlacopan. Tentavam cortar-lhes a retirada.

Então os que tripulavam as barcas defendidas por escudos, lançaram seus dardos contra os espanhóis. De um e de outro lado os dardos caíam.

Mas os espanhóis também atiravam nos mexicanos. Lançavam pasadores[2] e também tiros de arcabuz. De um lado e de outro havia mortos. Eram tocados pelas flechas os espanhóis, e eram tocados os tlaxcaltecas. Mas também eram tocados pelos projéteis os mexicanos.

A matança do canal dos toltecas[3]

Pois quando os espanhóis chegaram a Tlaltecayohuacan, onde fica o canal dos toltecas, foi como se estivessem se precipitando, como se desde um cerro despencassem. Todos ali se arrojaram e se deixaram ir ao precipício. Os de Tlaxcala, os de Tliliuhquitepec, e os espanhóis, e os a cavalo e algumas mulheres.

---

2. *Pasadores*: "flechas ou setas muito agudas que se disparava com uma balestra". (N.A.)

3. Canal dos Toltecas (Tolteca Acalocan): "Este foi o lugar do grande desastre na retirada... Dom Fernando Ramirez disse que crê que estava pela igreja de San Fernando e a Ermita de los Mártires ou de San Hipólito, deve marcar o lugar aproximadamente..." (Caso, Alfonso, op.cit.). (N.A.)

Logo com eles o canal ficou cheio, por eles tomado ficou. E aqueles que iam seguindo, sobre os homens, sobre os corpos, passaram e saíram na outra borda.

Mas ao chegar a Petlacalco, onde há outro canal, em paz e silenciosamente passaram sobre a ponte portátil de madeira.

Ali repousaram, ali recuperaram alento, ali se sentiram homens.

E quando chegaram a Popotla amanheceu; o céu clareou; ali, já refrigerados, ao longe tinham combates.

Mas ali chegaram dando alaridos, feito uma bola em torno deles os mexicanos. Chegam colhendo os tlaxcaltecas presos e ainda vão matando os espanhóis.

Mas também morrem mexicanos: gente de Tlatelolco. De uma e outra parte houve mortos.

Até Tlacopan (Tacuba) os perseguem, até Tlacopan os expulsam.

Pois no período em que os expulsavam, em Tlilyuhcan, em Xócotliyohuican, que é o mesmo que Xoxocotla, ali morreu na guerra Chimalpopoca, o filho de Motecuhzoma. Ficou trespassado, sobre ele veio um tiro de balestra.

Também ali foi ferido e nesse sítio morreu Tlatelcatzin, príncipe tepaneca.

Era o que guiava, o que dirigia, o que ia assinalando e marcando os caminhos aos espanhóis.

Os espanhóis se refugiam em Teocalhueyacan

Dali vadearam o Tepzólatl, que é um riachinho: passaram ao outro lado, vadearam o Tepzólatl e logo se remontaram a Acueco. Foram parar em Otoncalpulco. Seu pátio estava defendido por uma muralha de madeira, tinha um muro de madeira. Ali se refrigeraram, ali descansaram, ali restauraram suas forças e recobraram o alento.

Ali veio dar-lhes as boas-vindas o chefe dos Teocalhueyacan.

O senhor se chamava com nome próprio de nobreza otomí. Este foi encontrar-lhes e ali lhes foi entregar comida: tortas brancas, galinhas, guisados e assados de galinha, ovos e algumas galinhas vivas e também algumas tunas: tudo isso foi colocado diante do capitão.

Lhes disseram:

– Caros senhores, estais fatigado, haveis passado angústias. Que os deuses repousem. Na terra assentai-vos, tomai alimento.

Então lhes respondeu Malintzin, lhes disse:

– Meus senhores – disse o capitão –, de onde vens? Onde é vossa casa?

Eles disseram:

– Ouça nosso senhor: Viemos de sua casa em Teocalhueyacan. Somos gente deste lugar.

Disse Malintzin:

– Está bem. Lhe estamos agradecidos. De lá de onde vens amanhã ou depois iremos pernoitar.

O despojo recolhido pelos mexicas em Tenochtitlán

Logo que a aurora se alçou, quando a luz reluziu, quando ficou claro o dia, todos os tlaxcaltecas foram carreados, e os de Cempoala e os espanhóis que haviam despencado no canal dos toltecas, lá em Petlacalco ou em Mictonco.

Foram sendo levados em canoas; entre os tules,[4] lá onde estão os tules brancos eles os abandonaram, ali ficaram estendidos.

4. *Tule*: espécie de junco mexicano. (N.T.)

Também deixaram por lá as mulheres (mortas): estavam inteiramente nuas, estavam amarelas; amarelas, pintadas de amarelo, estavam as mulheres.

A todos estes desnudaram, lhes tiraram o quanto possuíam: os deixaram lá sem vestimenta, os deixaram totalmente abandonados e desprovidos.

Mas aos espanhóis, num lugar à parte os colocaram, os puseram em filas. Qual os brancos gomos das canas, como os gomos de pita, como as espigas brancas das canas, assim brancos eram seus corpos.

Também pegaram os "cervos" que suportam em cima os homens, os ditos cavalos.

E quando eles levavam, quando era sua carga, tudo isso fez um montão, de tudo se fizeram donos. Se alguém em alguma coisa punha os olhos, logo num instante a tomava. A fazia sua propriedade, a carregava sobre os ombros, a conduzia a sua casa.

Ali onde precisamente foi a mortandade, tudo quanto pôde ser achado foi apropriado, o que em seu medo abandonaram (os espanhóis). Também todas as armas de guerra ali foram recolhidas. Canhões, arcabuzes, espadas e tudo que caíra ao fundo, o que ali tinha sido trazido. Arcabuzes, espadas, lanças, albardas, arcos de metal, setas de ferro.

Também ali se lograram cascos de ferro, cotas e couraças de ferro, escudos de couro, escudos metálicos, escudos de madeira.

E ali se logrou ouro em barras, discos de ouro, e ouro em pó e colares de chalchihuites[5] com dixes de ouro.

Tudo isso era pego, era recolhido do meio d'água, era rebuscado cuidadosamente. Uns buscavam com as mãos, outros buscavam com os pés. E os que iam adiante

5. *Chalchihuites*: espécie de esmeralda mexicana. (N.T.)

bem puderam escapar, mas os que iam atrás todos caíram n'água.[6]

A relação de Alva Ixtlilxóchitl

Cortez deu a volta para o México, e entrou pela cidade de Tezcoco, onde o receberam alguns cavaleiros, porque os filhos do rei Nezahualpiltzintli, os legítimos, os tinham escondidos seus vassalos, e outros no México os tinham como reféns. Entrou no México com todo o exército de espanhóis e amigos de Tlaxcala e de outras partes no dia de São João Batista, sem que ninguém os estorvasse.

Os mexicanos e os demais, embora lhes dessem todo o necessário, com tudo isso, vendo que os espanhóis nem queriam ir-se de sua cidade, nem queriam soltar a seus reis, juntaram seus soldados, e começaram a guerrear os espanhóis no dia seguinte que Cortez entrou no México, e durou sete dias.

No terceiro deles, Motecuhzoma, vendo a determinação de seus vassalos, se pôs numa parte alta, e repreendeu-lhes; os quais o trataram com más palavras chamando-o de covarde, e inimigo de sua pátria, e ainda ameaçando-lhe com as armas, onde dizem que um deles lhe atirou uma pedrada da qual morreu, embora digam seus vassalos que os mesmos espanhóis o mataram, e pelas partes baixas lhe meteram a espada.

Ao cabo dos sete dias, depois de haver sucedido grandes coisas, os espanhóis com seus amigos, os tlaxcaltecas, huexotzincas e demais nações, desampararam a cidade, e saíram fugindo pelo caminho que vai a Tla-

6. Informantes de Sahagún: *Códice florentino*, liv. XII, caps. XXIV e XXV (versão de Ángel Ma. Garibay K.). (N.A.)

copan, e antes de sair da cidade mataram ao rei Cacamatzin, e a três irmãs suas, e dois irmãos que até então não estavam mortos, segundo dom Alonso Axayácatl, e algumas relações dos naturais que se acharam pessoalmente nestas duas ocasiões, os quais ao tempo que se retiraram deram morte a muitos espanhóis e amigos até um cerro que está em frente de Tlacopan, e daqui deram a volta para Tlaxcala.[7]

---

7. Alva Ixtlilxóchitl, Fernando de. *XIII relación*, "Da chegada dos espanhóis e o princípio da lei evangélica". (N.A.)

Capítulo XI
Começa o assédio de México-Tenochtitlán

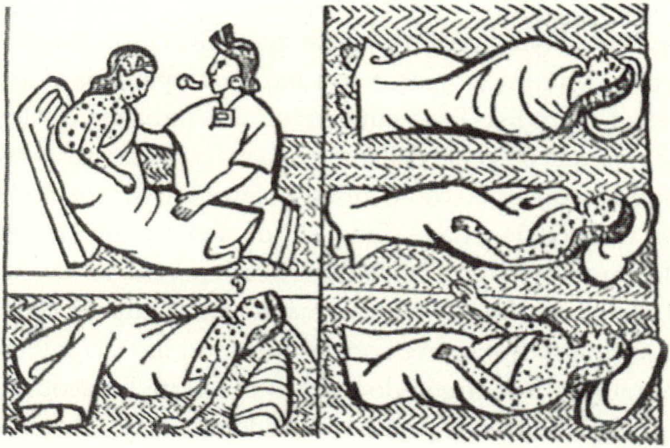

Introdução

Vários são os testemunhos indígenas que nos falam sobre o assédio da grande capital asteca. Refeitos os espanhóis, graças principalmente à ajuda prestada por seus aliados tlaxcaltecas, finalmente reapareceram, para atacar de todas as maneiras possíveis México-Tenochtitlán.

O texto que aqui se transcreve, devido aos informantes de Sahagún, começa mostrando a persuasão abrigada pelos índios de que os espanhóis não regressariam logo. Voltaram a celebrar as festas como nos tempos antigos. Cuitláhuac foi eleito grande tlatoani ou rei, para suceder ao tragicamente morto Motecuhzoma.

Entretanto, o primeiro presságio funesto logo se fez sentir. Se espalhou entre a população uma grande peste, a chamada hueyzáhuatl, ou hueycocoliztli, que de uma forma geral se pensa ter sido uma epidemia de varíola, enfermidade desconhecida até então pelos índios. Uma das vítimas deste mal seria precisamente o tlatoani Cuitláhuac.

Foi então quando reapareceram os espanhóis no rumo de Tezcoco, para vir situar-se em Tlacopan. O testemunho indígena nos refere com numerosos detalhes a maneira como começaram a atacar os espanhóis desde seus bergantins. Trata também o texto indígena do desembarque da gente de Cortez, da reação defensiva dos mexicas, do modo como foram penetrando os espanhóis no interior da cidade. Em vista do assédio implacável da grande capital, a gente tenóchcatl foi refugiar-se em Tlatelolco. Ali ia se concentrar no fim a luta. O texto que aqui se transcreve conclui trazendo um magnífico retrato da fisionomia do capitão mexicatl Tzilacotzin, que foi um dos que jamais retrocederam, ao ser atacado pelos espanhóis.

A atitude dos mexicas, depois da saída dos espanhóis

Quando se foram os espanhóis se pensou que uma vez partindo, que para sempre se tivessem ido. Que nunca jamais regressariam, nunca jamais voltariam. Portanto, outra vez se enfeitou se compôs a Casa de Deus. Foi bem varrida, se recolheu bem o lixo, se retirou a terra.

Sendo assim, chegou Huey Tecuílhuitl.[1] Uma vez mais, outra vez a festejaram os mexicanos nesta veintena.[2]

---

1. *Huey Tecuílhuitl*: nome do sétimo mês. No seu primeiro dia se fazia a festa da deusa do sal, Huiztocihuatl. (N.A.)

2. *Veintena*: um dos dezoito "meses" ou grupos de vinte dias de que se compunha o xiuhpohualli ou "conta do ano" (18 x 20 = 360 + 5 dias que chamavam nemon temi). (N.A.)

A todos os representantes, a todos os substitutos[3] dos deuses outra vez os adornaram, lhes puseram suas roupas e suas plumagens de quetzal. Lhes puseram seus colares, lhes puseram suas máscaras de turquesas e lhes revestiram suas roupas divinas: roupa de pluma de quetzal, roupa de pluma de papagaio amarelo, roupa de pluma de águia. Todas as roupas que se requerem, as guardavam os grandes príncipes...

A peste açoita os mexicas

Quando se foram os espanhóis do México e ainda não se preparavam os espanhóis contra nós, primeiro se difundiu entre nós uma grande peste, uma enfermidade geral. Começou em Tepeílhuitl.[4] Sobre nós se estendeu: grande destruidora de gente. Alguns bem os cobriu, por todas partes (de seu corpo) se estendeu. Na cara, na cabeça, no peito etc.

Era uma enfermidade destruidora. Muitas pessoas morreram dela. Ninguém podia andar, no máximo estavam deitadas, estendidas em sua cama. Ninguém podia mover-se, não podia virar o pescoço, não podia movimentar o corpo, não podia deitar de cabeça para baixo, nem deitar-se sobre as costas, nem mover-se de um lado ao outro. E quando moviam algo, davam gritos. A muitos deu morte a pegajosa, atormentadora, dura enfermidade dos grãos.

Muitos morreram dela, mas muitos somente de fome morreram: houve mortos pela fome: já ninguém cuidava de ninguém, ninguém com outros se preocupava.

---

3. Os substitutos dos deuses eram os que os representavam nas festas. (N.A.)

4. *Tepeílhuitl*: décimo terceiro mês, se faziam festas aos deuses dos montes. (N.A.)

A alguns lhes acometeram levemente os grãos: esses não sofreram muito, muitos não morreram disso.

Mas muitos como esses acabaram perdendo a cara, ficaram marcados, ficaram furados. Uns ficaram cegos, perderam a visão.

O tempo que esta peste manteve-se forte foi de sessenta dias, sessenta dias funestos. Começou em Cuatlan: quando se deram conta, estava bem desenvolvida. Até Chalco se foi a peste. E assim diminuiu, mas não cessou totalmente.

Veio a estabelecer-se na festa de Teotleco e veio a terminar na festa de Panquetzaliztli. Foi quando ficaram com cara limpa os guerreiros mexicanos.

Reaparição dos espanhóis

Mas agora, assim estando as coisas, já vêm os espanhóis, já se põem em marca para cá, lá por Tezcoco, do lado de Cuauhtitlan: vêm estabelecer sua realeza, a colocar-se em Tlacopan. Dali depois se repartem, dali se distribuem.

A Pedro de Alvarado se lhe determinou como seu campo próprio o caminho que vai a Tlatelolco. Mas o marquês tomou o rumo de Coyohuacan. E era seu próprio campo o que vai por Acachinanco até Tenochtitlán.

Sabedor era o marquês de que era muito valente o capitão de Tenochtitlán.

E no cinzeiro de Tlatelolco, ou em Punta de los Alisos, foi onde primeiro começou a guerra.

Dali chegou a Nonohualco: o perseguiram os guerreiros, e não morreu nenhum mexicano.

Logo retomam os espanhóis e os guerreiros em barcas atacam. Levam suas barcas bem guarnecidas. Lançam dardos: seus dardos chovem sobre os espanhóis. Logo se introduzem.

Mas o marquês logo se lança até os tenochcas, vai seguindo o caminho que conduz até Acachinanco. Logo se translada o marquês ao sítio de Acachinanco. Com muitos se luta ali e os mexicanos o enfrentam.

Espanhóis atacam com bergantins

E então vêm os barcos de Tezcoco. São ao todo doze. Todos eles se juntaram ali em Acachinanco. Logo se muda o marquês até Acachinanco.

Depois anda revisando onde se encontra, onde saem os barcos. Onde a entrada é boa nas acéquias, se estão longe; se não estão longe; que não aconteça que encalhem em algum lugar.

E pelas acéquias, retorcidas, não direitas, não puderam meter por ali os barcos. Dois barcos introduziram somente, os fizeram passar pelo caminho de Xoloco: vão diretamente.

E até então resolveram uns com outros, se deram a palavra de que iam destruir aos mexicanos e acabar com eles.

Se puseram em fila, então, levando os canhões. Os precede o grande estandarte de pano. Não vão depressa, não se alteram. Vão tocando seus tambores, vão tocando suas trombetas. Tocam suas flautas, suas charamelas e seus apitos.

Dois bergantins lentamente vêm remando: somente de um lado do canal vêm passando. Do outro lado não vem barco algum, por haver casas.

Logo há marcha, logo há combate. De um lado e outro há mortos, de um lado e outro há cativos.

Quando vêm os tenochcas, os habitantes de Zoquiapan empreenderam a fuga, puseram-se a correr cheios de medo. São levados os pequeninos ao lado de outras pessoas. Vão por água, sem rumo ou tino, os da classe baixa. Há pranto geral.

E os donos de barcas, nas barcas colocaram a seus nenês, os levam remando, os conduzem remando afanados. Nada levaram consigo: pelo medo deixaram abandonado tudo o que é seu; sua pequena fazenda a deixaram perder.

Mas nossos inimigos se apoderaram das coisas, fazendo fardo com elas, vão tomando o que acham por onde passam, tudo o que está a seu passo. Tomam e arrebatam as mantas, as capas, os cobertores, ou as insígnias de guerra, os tambores, os tamboris.

E os tlatelolcas lhes fizeram resistência ali em Zoquiapan desde suas barcas.

Quando chegaram os espanhóis a Xoloco, onde há um muro, que pelo meio do caminho fecha a passagem, com o canhão grande atacaram.

Ainda que não tenha sido derrubado ao cair o primeiro tiro, mas ao segundo, se partiu e ao terceiro, por fim, se abateu em terra. E ao quarto tiro ficou totalmente destruído.

Dois barcos vieram encontrar os que têm barcas defendidas por escudos. Se dá a batalha sobre a água. Os canhões estavam colocados na proa e até onde estavam aglomeradas as barcas, onde se apertavam umas com as outras, ali lançavam seus tiros. Muita gente morreu, e afundavam na água, submergiam e permaneciam no profundo violentamente.

Do mesmo modo as flechas de ferro, aquele a quem davam em branco não escapava: morria num instante, exalava seu alento final.

A reação defensiva dos mexicas

Mas os mexicanos quando vieram, quando se deram conta de que os tiros de canhão ou de arcabuz iam

O cerco de Tenochtitlán

reto, já não caminhavam em linha reta, mas iam de um rumo ao outro fazendo zigue-zague; se mudavam de um lado ao outro, fugiam da frente.

E quando viam que ia disparar-se um canhão, se jogavam na terra, se estendiam, se apertavam à terra.

Mas os guerreiros se metem rapidamente entre as casas, pelos trechos que estão entre elas. Limpo fica o caminho, despejado, como se fosse região despopulada.

Mas logo chegaram até Huitzilan. Ali estava erguida outra muralha. E muitos junto a ela estavam dobrados, se refugiavam e protegiam com aquele muro.

Desembarque dos espanhóis

Um pouco próximo dela ancoram, se detêm seus bergantins; um pouco ali se detêm, enquanto dispõem os canhões.

Vieram seguindo os que andavam em barcas. Quando chegaram próximo deles, logo se deixaram ir contra eles, se aproximaram a todas as casas.

Quando tinham preparado os canhões, lançaram tiros contra a muralha. Ao golpe a muralha ficou cheia de fendas. Logo se desgarrou, por detrás se abriu. E ao segundo tiro, logo caiu por terra: se abriu de um lado ao outro, se partiu, ficou esburacada.

Ficou o caminho então totalmente limpo. E os guerreiros que estavam colocados junto à muralha prontamente debandaram. Houve dispersão de todos, de medo fugiram.

Mas a gente toda encheu o canal; logo depressa o entupiu e aplainou com pedras, com adobes, e ainda com alguns paus, para impedir a passagem da água.

Quando o canal ficou entulhado, logo passaram por ali os que estavam a cavalo. Eram talvez vinte. Deram voltas, deram gritos, foram de um lado ao outro. E em seguida outra partida de gente a cavalo veio pelo mesmo caminho. Iam depois dos que passaram primeiro.

E alguns dos tlatelolcas que tinham entrado depressa ao palácio, a casa que foi de Motecuhzoma, saíram com grande espanto: deram de improviso com os de a cavalo. Um destes deu de estocadas aos de Tlatelolco.

Mas o que tinha sido ferido ainda pôde agarrar a lança. Logo vieram seus amigos a tirar a lança ao soldado espanhol. O fizeram cair de costas, o jogaram sobre seu dorso, e quando caiu por terra, ao momento lhe deram de golpes, o cortaram a cabeça, ali morto ficou.

Logo se punham em marcha unidos, se movem em conjunto os espanhóis. Chegaram desta maneira à Porta da Águia. Levavam consigo os canhões grandes. Os colocaram na Porta da Águia.

A razão de chamar-se este sítio Porta da Águia é que nela havia uma águia feita de pedra talhada. Era muito grande, tão alta e tão corpulenta ao extremo. E o fizeram como comparte e consorte um tigre. E na outra parte estava um osso, também de pedra lavrada.

E essas coisas assim feitas, os guerreiros mexicanos se recolheram em vão atrás das colunas. Porque havia duas fileiras de colunas naquele sítio.

E sobre a açoteia da casa comunal também estavam colocados os guerreiros, estavam em cima da açoteia. Já nenhum deles mostrava a cara abertamente.

Por sua parte os espanhóis não estavam certamente ociosos. Quando dispararam os canhões, ficou tão escuro como de noite, se espalhou o vapor. E os que estavam resguardados atrás das colunas fugiram: houve debandada geral. E os que estavam na açoteia se jogaram para baixo; todos fugiram para longe.

Avançam os espanhóis ao interior da cidade

Logo levaram os espanhóis o canhão e o colocaram sobre a pedra do sacrifício gladiatório.

Os mexicanos, entretanto, sobre o templo de Huitzilopochtli estavam em vão atalaiando. Percutiam seus atabales, com todo o ímpeto tocavam os atabales.

E num momento subiram lá dois espanhóis, lhes deram de golpes, e depois de lhes ter golpeado, os jogaram para baixo, os precipitaram.

E os grandes capitães e todos os guerreiros que combatiam nas barcas num instante vieram, vieram a desembarcar em terra seca. E os que remavam eram os rapazes: eram eles os que conduziam as barcas.

Feito isso, se puseram a inspecionar as ruas: iam percorrendo por elas, gritavam e diziam:

– Guerreiros, venham a seguir a coisa!...

E quando os espanhóis viram que já iam contra eles, que já os vinham perseguindo, logo se retiraram e empunharam as espadas.

Houve grande tumulto, correria geral. De um lado e outro caíam flechas sobre eles. De um lado e outro vinham a estreitá-los. Até Xoloco foram recuperar-se, foram tomar alento. Dali foi o regresso (dos mexicanos).

Também por parte dos espanhóis houve regresso. Foram colocar-se em Acachinanco. Mas o canhão que haviam colocado sobre a pedra do sacrifício gladiatório, o deixaram abandonado.

O colheram logo os guerreiros mexicanos, o arrastaram furiosos, o jogaram na água. No Sapo de Pedra (Tetamazolco) foi onde o jogaram.

A gente mexicatl se refugia em Tlatelolco

Neste tempo os mexicas-tenochcas vieram refugiar-se em Tlatelolco. Era geral o pranto, choravam com grandes gritos. Lágrimas e pranto escorrem dos olhos femininos.

Muitos maridos buscavam a suas mulheres. Alguns levavam em seus ombros seus filhos pequeninos.

O tempo que abandonaram a cidade foi de somente um dia. Mas os de Tlatelolco se encaminharam a Tenochtitlán para seguir a batalha.

Foi quando Pedro de Alvarado se lançou contra Ilíaca (Punta de Alisos) que é o rumo de Nonohualco, mas nada pôde fazer.

Era como se tivessem se arrojado contra uma rocha: porque os de Tlatelolco eram homens muito valentes.

Houve batalha em ambos os lados: no campo seco das ruas e na água com lanchas que tinham seus escudos de defesa.

Alvarado ficou rendido e retornou. Foi acampar em Tlacopan.

Mas no dia seguinte, quando lá chegaram dois bergantins que primeiro tinham chegado, se juntaram todos na margem das casas de Nonohualco, ali foram se situar.

Logo saltaram na terra e seguiram pelos caminhos secos, os caminhos entre a água. Logo foram dar no centro dos povoados, onde estavam as casas, chegaram ao centro.

Onde chegavam os espanhóis, tudo ficava desolado. Nem um único índio saiu para fora.

O capitão Mexicatl Tzilacatzin

Tzilacatzin grande capitão, muito macho, chega logo. Traz consigo três pedras bem sustentadas: três grandes pedras, redondas, pedras com que se fazem muros, ou seja, pedras de rocha branca.

Uma na mão leva, as outras duas em seus escudos. Logo com elas ataca, as lança aos espanhóis: eles iam na água, estavam dentro da água e logo se retiram.

E este Tzilacatzin era de grau otomí.[5] Era deste grau e por isso se tosquiava o pelo à maneira dos otomíes. Por isso não levava em conta ao inimigo, quem fosse, embora fossem espanhóis: em nada os estimava e a todos enchia de pavor.

Quando viam a Tzilacatzin nossos inimigos logo se amedrontavam e procuravam com esforço ver em que forma o matavam, já fora com uma espada, ou já fora com tiro de arcabuz.

Mas Tzilacatzin somente se disfarçava para que não o reconhecessem.

Pegava às vezes suas insígnias: seu pingente que se punha e suas orelheiras de ouro; também se punha um colar de conchas de caracol. Somente estava descoberta sua cabeça, mostrando ser otomí.

Mas outras vezes somente levava colocada sua armadura de algodão; com um pano delgado envolvia sua cabeça.

Outras vezes se disfarçava nesta forma: se punha um capacete de plumas, com um rapazinho debaixo, com seu colgalho de Águia que lhe dependurava o cogote. Era o atavio com que se enfeitava o que ia jogar vítimas ao fogo.

Saía, pois, como um jogador de vítimas ao fogo, como o que vai jogar ao fogo os homens vivos: tinha suas argolas de ouro no braço: de um lado e do outro as levava atadas em seus braços, e estas argolas eram sumamente reluzentes.

Também levava nas pernas suas faixas de ouro cingidas, que não deixavam de brilhar.

---

5. *Otomí*: como se indica no texto, com esta palavra se designava um grau dentro da hierarquia militar dos mexicas ou astecas. (N.A.)

E no dia seguinte uma vez mais vieram. Foram levando suas barcas no rumo de Nonohualco, até junto à Casa de la Niebla (Ayauhcalco). Também vieram os que andam a pé, e todos os de Tlaxcala e os otomíes. Com grande ardor se jogaram contra os mexicanos os espanhóis.

Quando chegaram a Nonohualco logo se travou o combate. Foi a batalha e se endureceu e persistiu o ataque e a guerra. Havia mortos de um bando e de outro. Os inimigos eram flechados todos. Também todos os mexicanos. De um lado e de outro houve grande pena. Deste modo todo o dia, toda a noite durou a batalha.

Houve somente três capitães que nunca retrocederam. Nada lhes importavam os inimigos: nenhum apreço tinham de seus próprios corpos.

O nome de um é Tzoyectzin, o do segundo é Temoctzin e o terceiro é o afamado Tzilacatzin.

Mas quando os espanhóis se cansaram, quando nada podiam fazer aos mexicanos, já não podiam romper as filas dos mexicanos, logo se foram, se meteram em seus quartéis, foram tomar repouso.

Seguindo-lhes as costas foram também seus aliados.[6]

6. Informantes de Sahagún. *Códice florentino*, liv. XII, caps. XXIX-XXXII (versão de Angel Ma. Garibay K.). (N.A.)

Capítulo XII

Incursões dos espanhóis na cidade sitiada

Introdução

Os testemunhos indígenas conservam a descrição de numerosas cenas de vivo realismo sobre o que ocorreu em México-Tenochtitlán, durante o longo sítio imposto pelos conquistadores. Os textos dos informantes de Sahagún que aqui se transcrevem se referem aos combates que a cada momento tinham lugar nos arredores e mesmo no interior da cidade.

Numa das primeiras investidas dos conquistadores, os mexicas fizeram prisioneiros quinze espanhóis, que logo foram sacrificados, à vista de seus compatriotas, que olhavam desde seus bergantins como se lhes dava a morte. Trata o texto sobre a trágica situação dos sitiados, do modo como penetraram os espanhóis ao mercado de Tlatelolco, do incêndio do templo e da forma como rechaçavam os mexicas com valentia incrível a quem tratava de tomar conta da cidade.

Mais adiante se descreve o modo como os espanhóis colocaram um trabuco ou catapulta sobre o pequeno templo que havia na praça do mercado de Tlatelolco para atacar com ele aos mexicas. E tratando já do final do sítio, se recorda o último esforço feito para salvar a cidade. Cuauhtémoc, que havia sucedido no mando supremo dos mexicas a Cuitláhuac, morto em consequência da epidemia, determinou então que se revestisse a um capitão de nome Opochtzin com as insígnias do rei Ahuízotl. Esses adornos que convertiam aquele homem em Tecolote de Quetzal lhe davam assim força invencível. Se dizia que nessas insígnias estava colocada a vontade de Huitzilopochtli. Acreditava-se que lançando o dardo de Deus, "a serpente de fogo", caso ele atingisse um dos inimigos, era possível ainda a vitória. O documento indígena refere que os espanhóis mostraram espanto ao contemplar a figura do Tecolote de Quetzal.

Assim acabou a batalha; houve um momento de calma que pressagiava o desenlace fatal. Como se verá no capítulo seguinte, apareceu por esse tempo uma grande chama que parecia vir do sol. Era como um redemoinho que andava fazendo espirais: era o último presságio da ruína final de México-Tenochtitlán.

Quinze espanhóis são aprisionados e sacrificados

Começa logo o estrondo, começam a se tanger as flautas. Golpeiam e agitam os escudos, os que estão para afrontar a guerra. Perseguem os espanhóis, os acossam, os atemorizam: logo aprisionam quinze espanhóis. Os levaram em suas barcas, retrocederam e foram colocá-las no meio da laguna.

E quando completaram dezoito cativos, tinham que ser sacrificados lá em Tlacochcalco (Casa do Arsenal).

Num momento os despojam, lhes tiram suas armaduras, suas cotas de algodão e tudo quanto tinham posto. De tudo lhes deixaram desnudos. Logo assim já convertidos em vítimas, os sacrificam. E seus congêneres estavam olhando, desde as águas, em que forma lhes davam morte.

Outra vez introduziram dois bergantins em Xocotitlan. Quando ali ancoraram, se foram até as casas dos que habitavam ali. Mas Tzilacatzin e alguns outros guerreiros, quando viram os espanhóis, se lançaram contra eles, os vieram acossando, os cercaram tanto que os precipitaram na água.

Também noutra ocasião levaram seus bergantins no rumo de Coyonaczo para dar batalha e atacar. E quando ali chegaram, saíram alguns espanhóis. Vinham guiando aquela gente Castañeda e Xicoténcatl. Este vinha trazendo seus penachos de plumas de quetzal.

Atiraram com a balista e um ficou ferido na frente, com o qual morreu num instante.

O que atirou a balista era Castañeda. Se lançaram sobre ele os guerreiros mexicanos e a todos os acossaram, os fizeram ir por água e a pedradas os esmagaram. Houvesse morrido ali Castañeda, mas permaneceu agarrado à barca e foi a sair a Xocotitlan.

Havia posto outro bergantim nas costas da muralha, onde a muralha dá volta, e outro estava em Teotlecco, onde o caminho vai reto até o Peñon (Tepetzinco). Estavam como em resguardo da laguna.

Pela noite os levaram. E passados alguns dias outra vez contra nós vieram.

Vieram pelo ramo de Cúahuecatitlan, no caminho se juntaram. E os de Tlaxcala, Acolhuaca, Chalco logo encheram o canal, e desta maneira prepararam caminho. Deixaram ali adobes, madeiras das casas: os dintéis, as jambas, os pilares, as colunas de madeira. E as canas que cercavam, também à água as arrojaram.

Novo ataque espanhol

Quando assim se fechou o canal, já marcham os espanhóis, cautelosamente vão caminhando: adiante vai o estandarte; vão tocando suas charamelas, vão tocando seus tambores.

As suas costas vão em fila os tlaxcaltecas todos, e todos os dos povos (aliados dos espanhóis). Os tlaxcaltecas se fazem muito valentes, movem altivos suas cabeças, se dão palmada sobre o peito.

Vão cantando, mas também cantando estão os mexicanos. De um lado e de outro se ouvem cantos. Entoam os cantos que acaso recordam, e com seus cantos se alentam.

Quando chegam à terra seca, os guerreiros mexicanos se agacham, se jogam à terra, se escondem e se fazem pequenos. Estão na espreita esperando a que horas devem alçar-se, a que horas hão de ouvir o grito, o pregão de pôr-se em pé.

E se ouviu o grito:

– Mexicanos, agora é a hora!...

Logo vem ver as coisas o tlapaneca otomí Hecatzin; se lança contra eles e diz:

– Guerreiros de Tlatelolco, agora é a hora!...

"Quem são esses selvagens? Que se deixe vir aqui!..."

E num momento derrubou a um espanhol, o jogou contra o solo. E este se lançou contra ele e também o jogou por terra. Fez o que com ele havia aquele feito primeiro. Mas (Hecatzin) voltou a derrubar e logo vieram outros a arrastar aquele espanhol.

Feito isso, os guerreiros mexicanos vieram arrojar-se por ali. Os que haviam estado recatados junto à terra se foram perseguindo aos espanhóis pelas ruas.

E os espanhóis, quando os viram, estavam como se estivessem embriagados.

Num momento começou a contenda para aprisionar homens. Foram feitos muitos prisioneiros de Tlaxcala, Acolhuacan, Chalco, Xochimilco. Houve grande colheita de cativos, houve grande colheita de mortos.

Foram perseguindo pela água os espanhóis e toda gente (aliada sua).

Pois o caminho se tornou resvaloso, já não se podia caminhar por ele; se somente um resvalava, se deslizava sobre o lodo. Os cativos eram levados arrastados.

Ali precisamente foi onde o estandarte foi capturado, ali foi arrebatado. Os que o ganharam foram os de Tlatelolco. O sítio preciso em que o capturaram foi onde hoje se chama San Martin. Mas não o tiveram em estima, nenhum caso fizeram dele.

Outros (dos espanhóis) se puseram a salvo. Retraíram-se e repousaram lá pela costa no rumo de Colhuacan, na margem do canal. Lá foram colocar-se.

Cinquenta e três espanhóis sacrificados

Mas agora já levam os mexicanos a seus cativos no rumo de Yacacolco. Se vão rapidamente, e eles resguardam a seus cativos. Uns vão chorando, outros vão cantando, outros se vão dando palmadas na boca, como é costume na guerra.

Quando chegaram a Yacacolco, se lhes põe em fila, em fila foram postos: um a um vão subindo ao pequeno templo: ali se faz o sacrifício. Foram na frente os espanhóis, eles fizeram o princípio. E em seguida vão depois deles, os seguem todos os dos povos (aliados deles).

Quando acabou o sacrifício destes, logo enfiaram em paus as cabeças dos espanhóis; também enfiaram as cabeças dos cavalos. Puseram estas embaixo, e sobre elas as cabeças dos espanhóis. As cabeças enfiadas estão com a cara ao sol.

Mas as cabeças dos povos aliados, não as enfiaram, nem as cabeças de gente de longe.

Os espanhóis cativos eram 53 e quatro cavalos.

Por toda a parte estavam em guarda, havia combates, e não se deixava de vigiar. Por todos os rumos nos cercavam os de Xochimilco em suas barcas. De um lado e de outro se faziam cativos, de um lado e outro havia mortos.

A situação dos sitiados

E todo o povo estava plenamente angustiado, padecia de fome, desfalecia de fome. Não bebiam água potável, água limpa, mas bebiam água salgada. Muitos homens morreram, morreram em consequência de disenteria.

Tudo o que se comia eram lagartixas, peixes, a envoltura das espigas, a grama salitrosa. Andavam mastigando sementes de colorín,[1] e andavam mastigando lírios aquáticos, e recheio de construção, e couro e pele de veado. O assavam, o requeimavam, o tostavam, o chamuscavam e o comiam. Algumas ervas ásperas e ainda barro.

Nada havia como este tormento: tremendo é estar sitiado. Alastrou-se totalmente a fome.

Pouco a pouco nos foram tomando paredes, pouco a pouco nos foram fazendo retroceder.

---

1. Árvore venenosa, leguminosa, de muita sombra. (N.T.)

Os espanhóis entram ao mercado de Tlatelolco

E sucedeu uma vez que quatro a cavalo entraram no mercado. E depois de haverem entrado, recorreram seu circuito, foram caminhando ao lado do muro que fecha o cercado. Iam dando estocadas aos guerreiros mexicanos, de modo que muitos morreram. Atropelaram todo o mercado. Foi a primeira vez que vieram dar ao mercado. Logo se foram, retrocederam.

Os guerreiros mexicanos se puseram a correr atrás deles, foram em sua perseguição. Pois a primeira vez que os espanhóis entraram ao mercado foi de improviso, sem que se dessem conta deles (os mexicanos).

O incêndio do templo

Foi neste mesmo tempo quando puseram fogo ao templo, o queimaram. E quando se lhes pôs fogo, imediatamente ardeu: altas se alçavam as chamas, muito longe as chamas subiam. Faziam ao arder estrondo e reverberavam muito.

Quando veem arder o templo, se alça o clamor e o pranto, entre choros falavam entre si os mexicanos. Se pensava que depois o templo ia ser saqueado.

Longo tempo se lutou no mercado, em suas cercanias se estabeleceu o combate: apenas deixavam livre o muro no rumo no qual se vende. Mas por onde se vende o incenso, e onde estavam os caracóis da água, e na casa das flores, e em todos os redutos que ficam entre as casas, iam entrando.

Sobre o muro se mantinham os guerreiros mexicanos e de todas as casas dos habitantes de Quecholan, que estão ao entrar ao mercado se fez como um só muro. Sobre as açoteias estavam muitos colocados. Dali atiravam pedras, dali atiravam dardos. E todas aquelas casas dos de Quecholan foram perfuradas por detrás, se lhes fez um vão não grande, para que ao ser perseguidos pelos de a cavalo, quando iam lançá-los, ou estavam para atropelá-los, e tratavam de fechar-lhes a passagem, os mexicanos por esses buracos se meteram.

Outra incursão dos espanhóis

Sucedeu numa ocasião que chegaram os espanhóis até Atliyacapan. Desde logo saquearam e pegaram a gente para levá-la, mas quando os viram os guerreiros mexicanos, logo os perseguiram, os fizeram disparos de flechas os mexicanos.

Ia andando por ali um chefe cuáchic[2] chamado Axoquentzin. Acossou aos inimigos, os fez soltar sua presa, os fez retroceder: esse chefe ali morreu: lhe deram uma estocada: lhe atravessaram o peito: e no coração lhe entrou o estoque. De ambas partes colhido, permaneceu ali morto.

Então os inimigos se retiraram e no solo se estenderam. Também lá em Yacacolco houve batalhas. Os espanhóis lançavam seus pasadores.[3] Em fila bem colocados iam dando-lhes ajuda, iam dando-lhes conselhos quatro reis: eles lhes fechavam a passagem.

Mas os guerreiros mexicanos se puseram à espreita, para entrar pela retaguarda, quando o sol houvesse declinado.

---

2. *Cuáchic*: "O homem varão forte chamado quáchic, tem estas propriedades, que é amparo, muralha dos seus, furioso, raivoso contra seus inimigos, valentão por ser membrudo, por fim e assinalado na valentia." (Sahagún, op. cit., t. III, p. 112) (N.A.).

3. *Pasadores* (ver nota 2 do capítulo X). (N.A.)

Mas, feito isto, chegaram alguns dos inimigos e subiram nas açoteias, e dali, logo gritaram:

– Ea, gente de Tlaxcala: venham juntar-se aqui. Aqui estão vossos inimigos.

Então lançaram dardos contra os emboscados: estes se entregaram à debandada geral.

Com toda calma chegariam aqueles até Yacacolco: ali se travou o combate. Mas ali encontraram resistência: não puderam abrir as colunas dos tlatelolcas: estes colocados na margem oposta lançavam contra aqueles dardos, lançavam pedras.

Já não puderam os espanhóis seguir passando os vaus, já não tomaram ponte alguma...

Colocação da catapulta no mercado de Tlatelolco

Neste tempo colocaram os espanhóis no oratório uma catapulta feita de madeira, para jogar pedras nos índios.

Quando já a tinham acabado, quando estavam prestes a atirar, muitos a rodearam, lha apontavam o dedo, lha admiravam uns e outros os índios que estavam reunidos em Amáxac.

Todos os do povo baixo estavam ali olhando. Os espanhóis manejam para atirar contra eles. Vão lançar-lhes um tiro como se fosse uma onda....

Em seguida lhe dão voltas, dão voltas em espiral, e deixam ereto logo o madeiramento daquela máquina de pau que tem a forma de funda.

Mas não caiu a pedra sobre os naturais, mas passou a cair atrás deles em um rincão do mercado. Por isso lutaram uns com outros, segundo pareceu, os espanhóis. Assinalavam com as mãos até os índios e faziam grande alvoroço.

Mas aquele artifício de madeira ia dando voltas e voltas, sem ter direção fixa, somente com grande lentidão ia endereçando seu tiro. Logo se deixou ver que era: em sua ponta havia uma funda, a corda era muito grossa. E por ter essa corda se lhe deu o nome de "funda de pau".

Uma vez mais se retiraram os espanhóis e todos os de Tlacxala. Outra vez se puseram em fileiras em Yacacolco, em Tecpancaltitlan e onde se vende o incenso. E lá em Acocolecan dirigia (seu chefe) aos que nos acossavam, lentamente iam passando pela terra.

Contra-ataque dos mexicas

Por sua parte, os guerreiros mexicanos vinham pôr-se em pé de defesa, em fileiras. Muito fortes se sentem, muito viris se mostram. Ninguém se sente tímido, ninguém mostra ser feminino. Dizem:

– Caminhem até aqui, guerreiros, quem são esses pobres bárbaros? São gentalha do sul de Anáhuac!

Os guerreiros mexicanos não vão em uma direção, vão e vêm por onde querem. Ninguém se para linearmente, ninguém vai por linha reta.

Sendo assim, os espanhóis muitas vezes se disfarçavam: não se mostravam como que eram. Como se enfeitam os de cá, assim se enfeitavam eles. Se punham insígnias de guerra, se cobriam em cima com uma tilma,[4] para enganar a gente, iam todo encobertos, deste modo nos faziam cair em erro.

Quando a algum haviam flechado os espanhóis, a gente se retirava contra a terra, havia debandada. Estavam muito atentos. Fixavam a mirada para ver por qual rumo iria sair o tiro. Estavam muito em guarda, se recatavam muito bem os guerreiros de Tlatelolco.

---

4. *Tilma*: Manta ou capa de algodão, usada pelos camponeses mexicanos. (N.T.)

Mas os espanhóis pouco a pouco iam entrando em seu terreno, contra as casas se apertavam. E onde se vende o incenso, no caminho até Amáxac, estavam muito pegados a nós seus escudos e vinham a dar contra suas lanças.

A ação de "Tecolote de Quetzal"

Por seu lado, o rei Cuauhtémoc e com ele os capitães Coyohuehuetzin, Temilotzin, Topantemoctzin, Ahuelitoctzin, Mixcoatlailotlactzin, Tlacuhtzin e Petlauhtzin, tomaram a um grande capitão de nome Opochtzin, tintureiro de ofício. Em seguida o revistaram, o puseram a roupagem de "tecolote de quetzal", que era insígnia do rei Ahuizotzin.

Lhe disse Cuauhtémoc:

– Esta insígnia era a própria do grande capitão, que foi meu pai Ahuizotzin. Leve-a, vista-a e com ela morra. Que com ela espante, que com ela aniquile a nossos inimigos. Que venham nossos inimigos e fiquem assombrados.

E a puseram. Muito espantoso, muito digno de assombro aparentou. E decidiram que quatro capitães fossem em sua companhia, lhe serviram de guardas. Lhe deram aquele que consistia a dita insígnia de mago. Era este:

Era um grande dardo colocado em vara, que tinha na ponta um pedernal.

E assim o dispuseram tal que poderia contar-se entre os príncipes de México.

Disse o cihuacóatl Tlacutzin:

– Mexicanos tlatelolcas:

"Nada é aquilo com que tem existido México! Com que vem perdurando a nação mexicana! Se diz que nesta insígnia está colocada a vontade de Huitzilopochtli: a joga sobre a gente, pois é nada menos que a Serpente do Fogo (Xiuhcóatl), o Perfurador do Fogo (mamai-huaztli)! Ela vem sendo jogada contra nossos inimigos.

"Já tomais, mexicanos, a vontade de Huitzilopochtli, a flecha. Imediatamente a fareis ver pelo rumo de nossos inimigos. Não a jogareis como queira a terra, muito a tereis que lançar contra nossos inimigos. E se acaso a um, a dois, fere este dardo, e se alcança a um, a dois, de nossos inimigos, ainda teremos conta da vida, ainda um pouco de tempo teremos escapatória. Agora, como seja a vontade de nosso senhor!..."

Já vai em seguida o tecolote de quetzal. As plumas de quetzal pareciam ir-se abrindo. Pois quando o viram nossos inimigos, foi como se derrubasse um monte. Muito se espantaram todos os espanhóis: os encheu de pavor: como se sobre a insígnia vissem alguma outra coisa.

Subiu a açoteia o tecolote de quetzal. E quando o viram alguns de nossos inimigos, logo regressaram, se dispuseram a atacá-lo. Mas outra vez os fez retroceder, os perseguiu o tecolote de quetzal. Então tomou as plumas, o ouro e baixou imediatamente da açoteia. Não morreu ele nem se levaram (ouro e plumas) nossos inimigos. E também ficaram prisioneiros três de nossos inimigos.

De golpe acabou a batalha, tudo ficou em calma e nada mais sucedeu. Se foram logo nossos inimigos e tudo ficou em calma. Nada aconteceu durante a noite.

E no dia seguinte, nada em absoluto passou. Ninguém sequer falava. Os índios estavam retirando-se em defesa. E os espanhóis nada faziam. Somente estavam em suas posições, viam constantemente os índios. Nada ocorreu, não faziam mais que estar na expectativa de uns e outros.[5]

---

5. Informantes de Sahagún: *Códice florentino*, liv. XII, caps. XXXIV, XXXVII, XXXVIII (versão de Ángel Ma. Garibay K.). (N.A.)

Capítulo XIII
Rendição de México-Tenochtitlán

Introdução

Três são as fontes indígenas de onde provêm os textos aduzidos neste capítulo, sobre a rendição da grande capital asteca. O primeiro testemunho, dos informantes indígenas de Sahagún, menciona um último presságio que pareceu anunciar a ruína iminente dos mexicas. Segundo este texto indígena, foi Cuauhtémoc quem por sua própria vontade se entregou aos espanhóis. A tragédia que acompanhou a tomada da cidade nos é descrita na continuação pelo documento indígena de maneira eloquente.

O segundo testemunho aduzido provém da já inúmeras vezes citada *XIII relación* de Alva Ixtlilxóchitl. Neste texto onde se relata quais foram as palavras que disse Cuauhtémoc a Cortez, quando já feito prisioneiro, tomando a adaga que traía o conquistador, lhe rogou pôr fim a sua vida, como havia posto já fim a seu império. É interessante notar as palavras textuais de Ixtlilxóchitl, que afirmou que durante o sítio de México-Tenochtitlán morreu "quase toda a nobreza mexicana, pois que apenas sobraram alguns senhores e cavaleiros e, no máximo, crianças de pouca idade".

O terceiro e último texto que se apresenta neste capítulo provém da *VII relación* de Chimalpain, e nele se descreve a forma como Cortez requereu por todas as partes e ainda submeteu a tormento aos senhores mexicas para obter deles o ouro e os demais tesouros que possuíam os índios desde tempos antigos.

Na *Relación de 1528*, devido a um indígena anônimo de Tlatelolco, da qual se publica integralmente a seção referente à Conquista, no capítulo XIV deste livro, se oferece um dos quadros mais patéticos no qual se pinta o êxodo dos vencidos e os vexames sem número de que foram objeto, ao ser submetida a capital mexicátl.

O último presságio da derrota

E apareceu como uma grande chama. Quando anoiteceu, chovia, era qual orvalho a chuva. Neste tempo se mostrou aquele fogo. Se deixou ver, apareceu como se viesse do céu. Era como um redemoinho; se movia fazendo giros, andava fazendo espirais. Ia como largando chispas, como se rangessem brasas. Umas grandes, outras pequenas, outras leves chispas. Como se um tubo de metal estivesse ao fogo, muitos ruídos até, retumbava, chispava. Rodeou a muralha próxima à água e em Coyonacazco foi parar.[1] Dali foi logo a meio lago, lá foi terminar... Ninguém fez alarde de medo, ninguém sussurrou uma palavra.

Pois no dia seguinte nada tampouco sucedeu. Não faziam mais que estar estendidos, estendidos estavam em suas posições nossos inimigos.

---

1. *Coyonacazco*: "Na orelha do adibe". Topônimo de um sítio da cidade. (N.A.)

E o capitão (Cortez) estava vendo constantemente até aqui parado na açoteia. Era na açoteia da casa de Aztautzin, que está próxima a Amáxac. Estava baixo um dossel. Era um dossel de várias cores.

Os espanhóis o rodeavam e falavam uns com outros.

A decisão final de Cuauhtémoc e os mexicas

Por sua parte (os mexicas) se reuniram em Tolmayecan e deliberaram como se faria, o que teríamos que dar como tributo, e em que forma nos submeteríamos a eles. Os que tal fizeram eram:

Cuauhtémoc, e os demais príncipes mexicanos...

Logo trazem a Cuauhtémoc em uma barca. Dois, somente dois o acompanham, vão com ele. O capitão Teputztitóloc e seu criado, Iaztachímal. E um que ia remando tinha por nome Cenyáutl.

E quando levam a Cuauhtémoc, logo o povo todo lhe chora. Diziam:

– Já vai o príncipe mais jovem, Cuauhtémoc, já vai entregar-se aos espanhóis! Já vai entregar-se aos "deuses"!

A prisão de Cuauhtémoc

E quando o tinham levado até lá, quando o tinham desembarcado, logo vieram vê-lo os espanhóis. O tomaram, o tomaram pela mão os espanhóis. Logo o subiram para cima da açoteia, o colocaram frente ao capitão, seu chefe de guerra.

E quando o tinham colocado frente ao capitão, este se põe a vê-lo, o vê detidamente, lhe acaricia o cabelo a Cuauhtémoc. Logo o sentaram frente ao capitão.

Dispararam os canhões, mas a ninguém atingiu. Unicamente dispararam, os tiros passavam sobre as cabeças dos índios.

Logo tomaram um canhão, o puseram em uma barca, o levaram à casa de Coyohuehuetzin, e quando lá chegaram, o subiram na açoteia.

A fuga geral

Logo outra vez matam gente; muitos nesta ocasião morreram. Mas se começa a fuga, com isto vai acabar a guerra. Gritavam então e diziam:

– É o bastante!... Saiamos!... Vamos comer ervas!...

E quando tal coisa ouviram, logo começou a fuga geral.

Uns vão por água, outros vão pelo caminho grande. Ainda ali matam a alguns; estão irritados os espanhóis porque ainda levam alguns sua macaná e seu escudo.

Os que habitavam nas casas da cidade vão direto até Amáxac, em linha reta até o bifurcamento do caminho. Ali debandavam os pobres. Todos vão no rumo de Tapeyácac, todos vão no rumo de Xoxohuiltitlan, todos vão no rumo de Nonohualco. Mas no rumo de Xóloc ou ao de Mazatzintamalco, ninguém vai.

Mas todos os que habitam em barcas e os que habitam sobre as armações de madeira encravadas no lago, e os habitantes de Tolmayecan, se foram puramente pela água. A uns lhes dava até o peito, a outros lhes dava a água no colo. E ainda alguns se afogaram na água mais profunda.

Os pequeninos são levados nas costas. O choro é geral. Mas alguns vão alegres, vão divertindo-se, ao irem entrelaçados no caminho.

Os donos da barca, todos os que tinham barcas, de noite saíram, e ainda durante o dia saíram alguns. Ao irem-se, quase se atropelam uns com outros.

A rendição dos astecas

Os espanhóis tomam posse de tudo

Por sua parte, os espanhóis, na margem dos caminhos, estão requisitando as gentes. Buscam ouro. Nada lhes importam os jades, as plumas de quetzal e as turquesas.

As mulherzinhas o levam em seu seio, em seus fraldelins, e os homens o levam na boca, ou no maxtle.

E também se apoderam, escolhem entre as mulheres, as brancas, as de pele triguenha, as de corpo triguenho. E algumas mulheres na hora do saque se untaram de lodo a cara e se puseram como roupa trapo. Fiapos por fraldelim, fiapos como camisa. Tudo era farraposo o que vestiram.

Também foram separados alguns varões, Os valentes e os fortes, os de coração viril. E também os jovenzinhos, que foram seus servidores, os que tinham que chamar seus mandadeiros.

A alguns desde logo os marcaram com fogo junto à boca. A uns na face, a outros nos lábios.

Quando se baixou o escudo, com o qual ficamos derrotados, foi:

Signo do ano: 3-Casa. Dia do calendário mágico: 1-Serpente.

Depois que Cuauhtémoc foi entregue o levaram a Acachinanco já de noite. Mas no dia seguinte, quando já havia um pouco de sol, novamente vieram muitos espanhóis. Também era seu final. Iam armados de guerra, com cotas e com casacos de metal; mas nenhum com espada, nenhum com seu escudo.

Todos vão tapando seu nariz com lenços brancos: sentem náuseas dos mortos, já fedem, já se decompõem seus corpos. E todos veem a pele.

Vêm agarrados ao manto a Cuauhtémoc, a Coanacotzin, a Tetlepanquetzaltzin. Os três vêm em fila.

Cortez exige que lhe entreguem o ouro

Quando a guerra cessou, se pôs (Cortez) a pedir-lhes o ouro. O que haviam deixado abandonado no canal dos toltecas, quando saíram e fugiram do México.

Então o capitão convoca os reis e diz:

– Onde está o ouro que se guardava no México?

Então vêm a sacar de uma barca todo o ouro. Barras de ouro, diademas de ouro, argolas de ouro para os braços, bandas de ouro para as pernas, capacetes de ouro, discos de ouro. Puseram tudo diante do capitão. Os espanhóis vieram pegá-lo.

Logo disse o capitão:

– Esse é todo o ouro que se guardava no México? Tende que apresentar aqui tudo. Procurai os chefes.

Então fala Tlacutzin:

– Ouça, por favor, nosso senhor o Deus: tudo quanto a nosso palácio chegava nós o encerrávamos debaixo da parede. Não é por acaso que tudo levaram nossos senhores?

Então Malintzin lhe disse o que o capitão dizia:

– Sim, é verdade, tudo pegamos; tudo se juntou numa massa e a tudo se marcou com selo, mas tudo nos tomaram lá no canal dos toltecas; a tudo nos fizeram deixar cair na água. Tudo tereis que apresentar.

Então lhe responde o Cihuacóatl Tlacotzin:

– Ouça por favor o deus, o capitão:

"A gente de Tenochtitlán não sabe lutar em barcas: não é coisa que eles fazem. Isso é coisa exclusiva dos de Tlatelolco. Eles em barcas combateram, se defenderam dos ataques de vós, nossos senhores. Não será que acaso eles deveras tenham tomado todo (o ouro), a gente de Tlatelolco?"

Então fala Cuauhtémoc, lhe diz a Cihuacóatl:

– O que dizes, Cihuacóatl? Bem pudera ser que o tiveram tomado os tlatelolcas... Acaso não é por isso que foram levados presos os que tenham merecido? Não mostraram tudo? Não foi juntado em Texopan? E o que tomaram nossos senhores, não é isto que está aqui?

E apontou com o dedo Cuauhtémoc aquele ouro.

Então Malintzin lhe disse o que dizia o capitão:

– Não mais que isso?

Logo falou o Cihuacóatl:

– Pode ser que algum do povo o tenha sacado... Por que não se há de indagar? Não se há de fazer ver o capitão?

Outra vez disse Malintzin o que dizia o capitão:

– Tereis que apresentar duzentas barras de ouro deste tamanho...

E mostrava a medida abrindo uma mão contra a outra.

Outra vez respondeu o Cihuacóatl e disse:

– Pode ser que alguma mulherzinha tenha se enredado ao fraldelim. Não se há de indagar? Não se há de fazer ver?

Então fala por lá Ahuelítoc, o Mixcoatlailótlac. Disse:

– Ouça por favor o senhor, o amo, o capitão:

"Ainda em tempo de Motecuhzoma quando se fazia conquista em alguma região, se punham em ação unidos mexicanos, tlatelolcas, tepanecas e acothuas. Todos os de Acolhuacan e todos os da região das Chinampas.

"Todos íamos juntos, fazíamos a conquista daquele povo, e quando estava submetido, logo era o regresso: cada grupo de gente se ia a sua própria população.

"E depois iam vindo os habitantes daqueles povos, os conquistados: vinham entregar seu tributo, seus próprios bens que tinham que dar aqui: jades, ouro, plumas de quetzal, e outra classe de pedras preciosas, turquesas e aves de pluma fina, como o azulejo, o pássaro de pescoço vermelho, vinham a dar-lhe a Motecuhzoma.

"Tudo vinham dar aqui, tudo de onde quer que viesse, em conjunto chegava a Tenochtitlán: todo o tributo e todo o ouro."[2]

A relação de Alva Ixtlilxóchitl

Fez-se este dia (quando foi tomada a cidade) uma das maiores crueldades que sobre os desventurados mexicanos se hão feito nesta terra. Era tanto o pranto das mulheres e crianças que quebravam os corações dos homens. Os tlaxcaltecas e outras nações que não estavam bem com os mexicanos se vingavam deles muito cruelmente do passado, e os saquearam o quanto possuíam.

Ixtlilxóchitl (de Tezcoco e aliado de Cortez) e os seus, ao fim como eram de sua pátria, e muitos de seus parentes, se compadeciam deles, e estorvavam aos demais que tratassem as mulheres e crianças com tanta crueldade, que o mesmo fazia Cortez com seus espanhóis. Já que se aproximava a noite se retiraram a seu sítio, e neste concentraram Cortez e Ixtlilxóchitl e os demais senhores capitães, do dia seguinte acabar de ganhar o que restava.

No dito dia, que era de São Hipólito Mártir, foram até o rincão dos inimigos. Cortez pelas ruas e Ixtlilxóchitl com Sandoval, que era o capitão dos bergantins, por água, até uma laguna pequena, que tinha avisado Ixtlilxóchitl que o rei (Cuauhtémoc) estava ali com muita gente nas barcas. Foram se chegando até eles.

---

2. Informantes de Sahagún: *Códice florentino*, liv. XII, caps. XXXIX-XLI (versão de Ángel Ma. Garibay K.). (N.A.)

Era coisa admirável ver os mexicanos. A gente de guerra confusa e triste, encostados às paredes das açoteias olhando sua perdição; e as crianças, velhos e mulheres chorando. Os senhores e a gente nobre, nas canoas com seu rei, todos confusos.

A prisão de Cuauhtémoc

Feita a senha, os nossos embestaram todos a um tempo ao rincão dos inimigos, e deram-se tanta pressa, que dentro de poucas horas lhe ganharam, sem que se sobrasse coisa que fosse parte dos inimigos; e os bergantins e canoas embestaram com as destes, e como não puderam resistir a nossos soldados puseram-se todos a fugir por onde melhor podiam, e os nossos atrás deles. Garcia de Olguín, capitão de um bergantim que obteve aviso de um mexicano que tinha preso, de como o barco que seguia era onde ia o rei, foi atrás dele até alcançá-lo.

O rei Cuauhtémoc, vendo que já tinha os inimigos próximo, mandou os remadores levarem o barco até eles para lutar; vendo-se desta maneira, pegou sua rodela e macaná, e quis investir; mas vendo que era muita a força dos inimigos, que o ameaçavam com suas balestras e escopetas, se rendeu.

Cuauhtémoc frente a Cortez

Garcia de Olguín o levou a Cortez, o qual o recebeu com muita cortesia, como um verdadeiro rei, e ele esticou sua mão ao punhal de Cortez, e lhe disse:

– Ah, capitão, usei todo meu poder para defender meu reino, e livrá-lo de vossas mãos; no entanto minha fortuna não foi favorável, toma-me a vida, que será muito justo, e com isso acabareis com o reino mexicano, pois a minha cidade e vassalos tereis destruídos e mortos...

Com outras razões muito lastimosas, que se enterneceram quantos ali estavam, de ver a este príncipe neste lance.

Cortez o consolou, e o rogou que mandasse aos seus se renderem, o qual assim fez, e se subiu por uma torre alta, e lhes disse a vocês que se rendessem, pois já estavam em poder dos inimigos. A gente de guerra, que seria até sessenta mil deles os que tinham sobrado, dos trezentos mil que eram da parte do México, vendo a seu rei deixaram as armas, e a gente mais ilustre chegou a consolar seu rei.

Ixtlilxóchitl, farto de tanto procurar prender com suas mãos a Cuauhtémoc, e não pôde fazê-lo só, por andar em canoa, e não tão ligeira como um bergantim, pôde sem embargo alcançar dois, onde iam alguns príncipes e senhores, como eram Tetlepanquetzaltzin, herdeiro do reino de Tlacopan, e Tlacahuepantzin, filho de Motecuhzoma, seu herdeiro, e muitos outros, e na outra ia a rainha Papantzin Oxómoc, mulher que foi do rei Cuitláhuac, com muitas senhoras.

Ixtlilxóchitl os prendeu, e levou consigo a estes senhores até onde estava Cortez: a rainha e as demais senhoras as mandou levar à cidade de Tezcoco com muita guarda, e que lá as mantivessem.

A duração do sítio

Durou o cerco do México, segundo as histórias, pinturas e relações, especialmente a de dom Alonso Axayaca, oitenta dias precisamente. Morreram da parte de Ixtlilxóchitl e do reino de Tezcoco, mais de trinta mil homens, mais de 240 mil que foram da parte dos espanhóis, como já se viu; dos mexicanos morreram mais de 240 mil, e entre eles quase toda a nobreza mexicana, pois que apenas ficaram alguns senhores e cavaleiros, e as crianças, e de pouca idade.

Este dia, depois de haver saqueado a cidade, tomaram os espanhóis para si o ouro e a prata, e os senhores a pedraria e plumas e os soldados as mantas e demais coisas, estiveram depois destes outros enterrando os mortos, fazendo grandes festas e alegrias.[3]

A relação de Chimalpain: o que seguiu a tomada da Cidade

E depois que foram depostos os atavios de guerra, depois que descansaram a espada e o escudo, foram reunidos os senhores em Acachinanco. O primeiro Cuauhtémoc, senhor de Tenochtitlán, o segundo Tlacotzin, o Cihuacóatl, o terceiro Oquiztzin, senhor de Ascapotzalco Mexicapan, o quarto Panitzin, senhor de Ecatépec, o quinto de nome Motelhihtzin, mordomo real; este não era príncipe, mas era um grande capitão da guerra.

A estes cinco fez descer o capitão Hernán Cortez. Os ataram e os levaram a Coyocan. Tão somente Panitzin não foi atado. Lá em Coyocan foram encerrados, foram conservados prisioneiros. Lá se lhes queimaram os pés. Além disso aos sacerdotes Cuauhcóhuatl e Cohuayhuitl, Tecohuentzin e Tetlanmécatl se lhes inquiriu sobre o ouro que se havia perdido no Canal dos Toltecas (quando fugiram os espanhóis pela Calçada de Tacuba, perseguidos pelos mexicanos). Se lhes perguntou pelo

3. Alva Ixtlilxóchitl, Fernando de. *XIII relação*: "Da vinda dos espanhóis e princípios da lei evangélica". (N.A.)

ouro que havia sido reunido no palácio em forma de oito barras e que havia ficado ao cuidado de Ocuitécatl, que era mordomo real. Quando este morreu – matou-o a epidemia de varíola – só sobrou seu filho, e das oito barras tão somente apareceram quatro. O filho fugiu em seguida.

E saíram então da prisão os que haviam sido levados a Coyocan. O capitão Hernán Cortez falou àqueles cinco mexicanos a quem havia combatido, os senhores mexicas, Cuauhtémoc, Tlacotzin o Cihuacóatl, Oquiztin, Panitzin, Motelhuihtzin; a estes lhes falou o capitão Cortez lá em Coyoacan, se dirigiu a eles por meio dos intérpretes Jerónimo de Aguilar e Malintzin. Lhes disse o senhor capitão:

– Quero ver quais eram os domínios do México, quais os tepanecas, os domínios de Aculhuacan, de Xochimilco, de Chalco.

E aqueles senhores de México em seguida entre si deliberaram. O Cihuacóatl Tlacotzin logo respondeu:

– Oh, príncipe meu, ouça o deus este pouco que vou dizer. Eu, o mexícatl, não tinha terras, não tinha sementeiras, quando vim para cá no meio dos tepanecas e dos de Xochimilco, dos de Aculhuacan e dos de Chalco; eles sim tinham sementeiras, sim tinham terras. E com flechas e com escudos me fiz senhor dos outros, me apossei de sementeiras e terras.

"Igual que tu, que vieste com flechas e com escudos para apossar-te de todas as cidades. E como tu vieste para cá, de igual modo também eu, o mexícatl, vim para apoderar-me da terra com flechas e com escudos".

E quando ouviu isto o capitão Cortez, disse com autoridade aos tepenecas, aos acolhuas, aos de Xochimilco e de Chalco, assim lhes falou:

– Vinde cá, o mexícatl com flechas e com escudos se apoderou de vossa terra, de vossa propriedade, ali onde vós o servias. Mas agora, de novo com flechas e com escudos, os deixo livres, já ninguém ali terá que servir o mexícatl. Recuperai vossa terra...[4]

---

4. Chimalpain Cuauhtlehuanitzin, Francisco de San Antón Muñon, *Sétima relação*. (Ver Bibliografia.) (Versão do náhuatl: Miguel León-Portilla.) Como pode ver-se, Cortez se empenhou em consolidar seu domínio sobre os mexicas ou astecas, ganhando as simpatias dos outros povos que até então haviam-se submetido aos astecas. (N.A.)

Capítulo XIV
Uma visão de conjunto

Introdução

Nos treze capítulos anteriores se apresentou uma série de descrições da Conquista, tomados de diversas fontes indígenas intercaladas de acordo com a sequência cronológica dos fatos. Em seguida se oferece, numa recapitulação final, outra relação indígena da Conquista de particular interesse, que menciona todos esses mesmos fatos de maneira mais breve.

A referência da Conquista, redigida em náhuatl até 1528, por autores anônimos de Tlatelolco, e conservada atualmente na Biblioteca Nacional de Paris, formando parte de *Unos anales históricos de la nación mexicana*, é talvez o documento indígena mais antigo que nos oferece o que temos chamado de *Visão dos vencidos*. Iniciando-se a narração com a chegada dos espanhóis às costas do Golfo, por onde hoje se acha a antiga Veracruz, o ano de 1519 vem a culminar com a tomada da capital asteca e as desgraças que acompanharam a sua queda em poder de Cortez.

Não obstante tratar-se de um documento relativamente breve, pode-se dizer que é talvez o que nos dá a visão de conjunto mais verdadeiramente indígena da Conquista. Ao apresentá-lo na continuação, traduzido ao castelhano pelo dr. Garibay, se introduzem tão somente alguns subtítulos que ajudam a distinguir as diversas etapas da Conquista a que se refere o texto indígena.

Chegada de Cortez. Os mensageiros de Motecuhzoma

Ano 13-Coelho. Foram vistos espanhóis na água.

Ano 1-Cana. Saíram os espanhóis ao palácio de Tlayácac. Com isto já vem o capitão.

Quando se dirigiu ao palácio de Tlayácac, logo lhe foi dar as boas-vindas o Cuetlaxteca (enviado por Motecuhzoma Xocoyotzin). Por este motivo dá-lhe soles de metal fino, um de metal amarelo e outro branco.[1] E um espelho de pendurar, uma bandeja de ouro, um jarro de ouro, leques e adornos de pluma de quetzal, escudos de concha nácar.

Diante do capitão se fazem sacrifícios. O que enojou eles. Porque lhe davam ao capitão sangue em uma "caçoleta de Águia". Por isso maltratou ao que lhe dava sangue. Lhe deu golpes com a espada. Com isso se debandaram os que lhe foram dar as boas-vindas.

Tudo isso o levou o capitão para dar-lhe por mandato espontâneo de Motecuhzoma. Por esta razão foi encontrar o capitão. Esse foi o ofício que fez o de Cuetlaxtlan.

Cortez em Tenochtitlán

E logo veio a chegar até Tenochtitlán. Chegou o mês de Quecholi, em um signo do dia 8-Vento.

---

1. *Cozticteocuitlatl*, "metal amarelo": ouro, e *iztacteocuitlatl*, "metal branco": prata. (N.A.)

E quando já chegou aqui em Tenochtitlán, logo lhe demos galinhas, ovos, milho branco, tortilhas brancas, e lhe demos o que beber. Entregamos pasto para os veados (cavalos) e lenha.

Por uma parte lhe fez entrega de dons o de Tenochtitlán e por outra lhe fez entrega de dons o de Tlatelolco.

Então o capitão marchou para a costa. Deixou a dom Pedro de Alvarado (apelidado) "El Sol".

A matança do Templo Maior na festa de Tóxcatl

Neste momento vão perguntar a Motecuhzoma em que forma hão de celebrar a seu deus. Ele lhes disse:

– Ponham-lhe tudo o que é seu próprio atavio. Façam-no.

Neste momento foi quando deu ordens "El Sol" (Alvarado): já está atado Tlacochcálcatl,[2] preso Motecuhzoma e o de Tlatelolco, Itzcohuatzin.

Foi quando enforcaram a um chefe de Acolhuacan, de nome Nezahualquentzin junto ao parapeito.

Em segundo lugar, morreu o rei de Nauhtla, chamado Cohualpopocatzin. O assetaram, e depois de asseteado, vivo ainda, foi queimado.

Com este motivo estavam em guarda os tenochcas da Porta da Águia. De um lado estava o sentinela dos tenochcas; de outro, o sentinela dos tlatelolcas.

Vieram a dizer àqueles que enfeitaram a Huitzilopochtli.

Logo lhe põem a Huitzilopochtli tudo aquilo com que se adorna, suas roupas de papel e todos os atavios que lhe são próprios. Tudo se lhe puseram.

---

2. *Tlacochcálcatl*: "chefe da casa dos dardos". Chefe militar, a cujo cuidado estava o arsenal. (N.A.)

Logo já cantam seus cantos os mexicanos. Assim ficaram fazendo o primeiro dia.

Ainda puderam fazê-lo o segundo dia: começaram a cantar e foi quando morreram tenochcas e tlatelolcas.

Os que estavam cantando e dançando estavam totalmente desarmados. Tudo o que tinham eram suas terras lavradas, suas turquesas, seus pingentes, seus colares, seus penachos de pluma de garça, seus dixes de pata de cervo. E os que tocam o atabale, os velhinhos, têm suas cabaças de tabaco feito pó para aspirá-lo, suas soalhas.

A estes (os espanhóis) primeiramente lhes deram um empurrão, os golpearam nas mãos, lhes deram bofetadas na cara, e logo foi a matança geral de todos estes. Os que estavam cantando e os que estavam olhando junto deles, morreram.

Nos deram empurrões, nos maltrataram por três horas. Onde mataram a gente foi no Pátio Sagrado.

Logo se metem (os espanhóis) dentro das casas (do templo) para matar a todos: aos que transportavam a água, aos que traziam o pasto dos cavalos, aos que mofam, aos que varriam, aos que estavam de vigilância.

Mas o rei Motecuhzoma, acompanhado do Tlacochcálcatl de Tlatelolco, Itzcohuatzin, e dos que davam de comer aos espanhóis, lhes disse:

– Senhores nossos...Basta! Que é que estais fazendo? Pobre gente do povo!...Acaso tendes escudos? Acaso tendes macanás? Andais inteiramente desarmados!...

Quando chegou aqui o capitão, já nos havia matado "El Sol" (Alvarado). Há vinte dias que o capitão havia partido para a costa quando nos matou à traição "El Sol".

Quando chegou aqui o capitão não foi recebido com guerra; em paz e calma entrou aqui. Até o dia seguinte o atacamos com força e assim deu princípio a guerra.

A visão indígena da conquista

A noite triste

Em consequência logo saíram de noite. Na festa de Tecuíhuitl saíram; foi quando morreram no Canal dos Toltecas. Ali furiosamente os atacamos.

Quando de noite saíram, primeiro foram a reconcentrar-se em Mazatzintamalco. Ali foi a espera de uns a outros quando saíram de noite.

Ano 2-Pedernal. Foi quando morreu Motecuhzoma; também ao mesmo tempo morreu o Tlacochcálcatl de Tlatelolco, Itzcohuatzin.

Quando se foram (os espanhóis), foram assentar-se em Acueco. Os expulsaram dali. Foram situar-se em Teuhcalhueyacan. Se foram para Zoltépec. Dali partiram, foram situar-se em Tepotzotlan. Dali se foram, foram situar-se em Citlaltépec; dali foram estabelecer-se em Temazcalapan. Ali saíram a encontrá-los: lhes deram galinhas, ovos, milho em grão. Ali descansaram.

Já se foram a meter em Tlaxcala.

Então se difundiu a epidemia: tosse, grãos ardentes, que queimam.

O regresso dos espanhóis

Quando passou um pouco a epidemia, já se põem em marcha. Vão sair para Tepeyácac, foi o primeiro lugar que conquistam.

Se vão dali: quando é a festa de Tomar Licor (Tlahuano), saem para Tlapechhuan. E a festa de Izcalli.

Aos duzentos dias saíram, vieram a se situar em Tezcoco. Estiveram ali quarenta dias.

Logo já vêm, de novo em seguimento de Citlaltépec. A Tlacopan. Ali se estabelecem no Palácio.

E também se meteram aqui os de Chiconauhtla, Xaltocan, Cuauhtitlan, Tenayucan, Azcapotzalco, Tlacopan, Coyoacan.

Por sete dias não estão combatendo.

Estavam somente em Tlacopan. Mas logo de novo retrocedem. Não mais se vão todos juntos e por ali vão sair, para se estabelecer em Tezcoco.

Oitenta dias e outra vez saem para Huaxtepec, Cuauhnahuac (Cuernavaca). Dali baixaram a Xochimilco. Ali morreu gente de Tlatelolco. Outra vez saiu (o espanhol) dali; veio a Tezcoco, ali também a situar-se. Também em Tlaliztacapa morreu gente de Tlatelolco.

Quando ele se foi situar em Tezcoco foi quando começaram a matar-se uns aos outros os de Tenochtitlán.

No ano 3-Casa mataram a seus príncipes o Cihuacóatl Tzihuacpopocatzin e a Cicpatzin Tecuecuenotzin. Mataram também aos filhos de Motecuhzoma, Axayaca e Xoxopehuáloc.

Mais isso: se puseram a pleitear uns com outros e se mataram uns a outros. Esta é razão pela qual foram mortos estes príncipes: moviam, tratavam de convencer o povo para que se juntasse maíz branca, galinhas, ovos, para que dessem tributo àqueles (aos espanhóis).

Foram sacerdotes, capitães, irmãos maiores os que fizeram estas mortes. Mas os principais chefes se enojaram porque haviam sido mortos aqueles comandantes.

Disseram os assassinos:

– É que nós viemos fazer matanças? Ultimamente, faz sessenta dias que houve mortos do nosso lado... Conosco se pôs em obra a festa de Tóxcatl... (A matança do templo maior)

O assédio de Tenochtitlán

Já se põem em pé de guerra, já vão a dar-nos batalha (os espanhóis). Pelo espaço de dez dias nos combatem e é quando aparecem suas naves. Aos vinte dias colocam suas naves por Nonohualco, no ponto chamado Mazatzintamalco.

Quando suas naves chegaram aqui, chegaram pelo rumo de Iztacalco. Então se submeteu a eles o habitante de Iztacalco. Também de lá se dirigiram para cá. Logo se foram situar as naves em Acachinanco.

Também desde logo fizeram suas casas de estacamento os de Huexotzinco e Tlaxcala de um lado e do outro do caminho. Também dispersam seus barcos os de Tlatelolco. Estes estão em suas barcas no caminho de Nonohualco, em Mazatzintamalco estão suas barcas.

Mas em Xohuiltitaln e em Tepeyácac ninguém tem barcas. Os únicos que estão em vigilância do caminho somos nós os de Tlatelolco quando aqueles chegaram em suas barcas. No dia seguinte as foram deixar em Xoloco.

Por dois dias há combate em Huitzilan. Foi quando se mataram uns a outros os de Tenochtitlán. Se disseram:

– Onde estão nossos chefes? Talvez uma só vez hão disparado? Acaso fizeram ações de varões?

Apressadamente vieram a pegar o quarto: adiante iam os que os mataram. Mataram a Cuauhnochtli, capitão de Tlacatecco, a Cuapan, capitão de Huitznáhuac, o sacerdote de Amantlan, e ao sacerdote de Tlalocan. De modo tal, por segunda vez, fizeram dano a si mesmos os de Tenochtitlán ao matar-se uns aos outros.

Os espanhóis vieram colocar dois canhões no meio do caminho de Tecamman olhando até aqui. Quando dispararam os canhões a bala foi cair na Porta da Águia.

Então se puseram em movimento juntos os de Tenochtitlán. Tomaram nos braços a Huitzilopochtli, meteram-no em Tlatelolco, depositaram-no na Casa dos Rapazes (Telpochcalli), que está em Amáxac. E seu rei veio estabelecer-se em Acacolco. Era Cuauhtemoctzin.

A gente se refugia em Tlatelolco

E isso bastou; os do povo baixo nesta ocasião deixaram sua cidade de Tenochtitlán para vir a meter-se em Tlatelolco. Vieram refugiar-se em nossas casas. Imediatamente se instalaram por todas partes em nossas casas, em nossas açoteias.

Gritam seus chefes, seus comandantes e dizem:

– Senhores nossos, mexicanos, tlatelolcas...

"Um pouco nos resta... Não fazemos mais que guardar nossas casas.

"Não hão de se apossar dos armazéns, do produto de nossa terra.

"Aqui está vosso sustento, a sustentação da vida, o maíz.

"O que para vós guardava vosso rei: escudos, insígnias de guerra, rodelas ligeiras, colgalhos de pluma, orelheiras de ouro, pedras finas. Posto que tudo isso é vosso, propriedade vossa.

"Não desanimeis, não percais o espírito. Aonde devemos ir?

"Mexicanos somos, tlatelolcas somos!"

Imediatamente tomaram depressa todas as coisas os que mandam aqui, quando eles vieram entregar as insígnias, seus objetos de ouro, seus objetos de pluma de quetzal.

E estes são os que andam gritando pelos caminhos e entre as casas e o mercado:

Xipanoc, Teltlyaco, o vice-Cihuacóatl, Motelchiuh, quando era de Huiznáhuatl, Zóchitl, o de Acolnáhuac, o de Anáhuac, o Tlacochcálcalt, Itzpotonqui, Ezhuahuácatl, Coaíhuitl, que se deu a conhecer como chefe de Tezcacoac. Huánitl, que era Mixcoatlailótlac; o intendente dos templos, Téntil. Estes eram os que andavam gritando, como se disse, quando vieram a se localizar em Tlatelolco.

E aqui estão os que o ouviram:

Os de Coyoacan de Cuauhtitlan, de Tultitlan de Chicunauhtla, Coanacotzin, o de Tezcoco, Cuitláhuac, o de Tepechpan, Itzyoca. Todos os senhores destes rumos ouviram o discurso dito pelos de Tenochtitlán.

E todo o tempo em que estivemos combatendo, em nenhuma parte se deixou ver o tenochca; em todos os caminhos daqui: Yacacolco, Atezcapan, Coatlan, Nonohualco, Xoxohuitlan, Tepeyácac em todas as partes foi obra exclusiva nossa, se fez pelos tlatelolcas. De igual modo, os canais também foram obra nossa exclusiva.[3]

Sendo assim, os capitães tenochcas ali (em seu refúgio de Tlatelolco) se cortaram o cabelo, e os de menor grau também ali o cortaram, e os cuachiques, e os otomíes,[4] de grau militar, que portam seu casco de plumas, durante todo o tempo que estivemos combatendo.

3. Note-se o constante empenho dos mexica-tlatelolcas por mencionar sua valentia e suas proezas na defesa da cidade, reprovando com frequência aos mexica-tenochcas. Como uma explicação deste fato pode-se recordar o antigo ressentimento dos tlatelolcas, vencidos e submetidos pelos tenochcas, desde os tempos do rei Axayácatl. (N.A.)

4. Cuachiques e otomíes, graus militares já descritos anteriormente (ver nota 5 do capítulo XI). (N.A.)

De sua parte, os de Tlatelolco rodearam os chefes daqueles e suas mulheres todas encheram de opróbrio e os afligiram dizendo-lhes:

– Não mais estais ali parados? Não lhes dá vergonha? Não haverá mulher que em tempo algum se pinte a cara para vós!...

E as mulheres deles andavam chorando e pedindo favor em Tlatelolco.

E quando veem todo este esforço desta cidade alçam a voz, mas já não se veem por nenhuma parte os tenochcas.

Da parte dos tlatelolcas, pereceu o mesmo o cuáchic que o otomí e o capitão. Morreram à obra de canhão, ou de arcabuz.

A mensagem do senhor de Acolhuacan

Neste tempo vem uma embaixada do rei de Acolhuacan, Tecocoltzin. Os que vêm a conferenciar em Tlatelolco são:

Tecucyahuácatl, Topantemoctzin, Tezcacohuácatl, Quiyotecatzin, o Tlacatéccatl Temilotzin, o Tlacocgcálcatl Coyohuehuetzin e o Tziuhtecpanécatl Matlalacatzin.

Dizem os enviados do rei de Acolhuacan Tecocoltzin:

– Nos envia para cá o senhor de Acolhuacan Tecocoltzin. Disse isto:

"Ouçam por favor os mexicanos tlatelolcas:

"Arde de igual modo a mim, arde e se calcina meu coração.

"Que é o pouquinho que eu tenho? De meu fardo, o furo de meu manto, em qualquer parte agarram: me vão tirando. Se fez, se acabou o habitante deste povo.

"Pois digo:

"Que por sua vontade o disponha o tenochca: que por seu próprio gosto pereça: nada farei em seu favor, já não esperarei sua palavra.

"Que dirá? Como disporeis os poucos dias? E tudo: que ouçam minhas palavras."

Já lhe retornam o discurso os senhores de Tlatelolco, o dizem:

– Não fazes honra, ó tu capitão, meu irmão:

"Pois que, é acaso nossa mãe e nosso pai o chichimeca habitante de Acolhuacan?

"Pois aqui está: o ouvem: sessenta dias vão de que tem intenções de que se faça como ele disse. E agora não mais é visto: totalmente se destroem, não mais dão gritos: pois uns se conservam como gente de Cuauhtitlan, outros como de Tenayucanfi de Azcapotzalco, ou de Coyoacan se fazem passar.

"Não mais vejo isto: é que eles gritam que são tlatelolcas. Como o farei?

"Foi satisfeito seu coração, teve o gosto de fazê-lo, lhe hão saído bem, veio como deslizado...Ah, já estamos fazendo o mandato e a disposição de nosso senhor. Faz sessenta dias que estamos combatendo!..."

Os tlatelolcas são convidados a pactuar

Veio a amedrontá-los de parte dos espanhóis, a dar gritos o chamado Castañeda, onde se chama Yauhtenco veio a dar gritos. O acompanham tlaxcaltecas, já dão gritos aos que estão em atalaia de guerra junto ao muro na água azul. São o chamado Itzpalanqui, capitão de Chapultepec, dos de Tlapala, e Cuexacaltzin.

Vem a dizer-lhes:

– Venham até aqui alguns!

E eles se dizem:

– O que desejará dizer? Vamos ouvi-lo.

Logo se colocam em uma barca e de longe dispostos lhe dizem àquele:

– Que é que queres dizer?

Dizem os tlaxcaltecas:

– Onde é vossa casa?

Dizem:

– Está bem: sois os que são buscados. Venham até aqui, os chama o "deus", o capitão.

Então saíram, vão com ele a Nonohualco, à Casa de la Niebla onde estão o capitão e Malintzin e "El Sol" (Alvarado) e Sandoval. Ali estão reunidos os senhores do povo, há parlamento, dizem ao capitão:

– Vieram os tlatelolcas, fomos trazê-los.

Disse Malintzin a eles:

– Venham aqui: disse o capitão:

"Que pensam os mexicanos? E uma criança Cuauhtémoc?

"Que não têm compaixão dos pequeninos, das mulheres?

"É assim como hão de perecer os velhos?

"Pois estão aqui comigo os reis de Tlaxcala, Huexotzinco, Cholula, Chalco, Acolhuacan, Cuauhnáhuac, Xochimilco, Mizquic, Cuitléhuac, Culhuacan."

Eles (vários desses reis) disseram:

– Acaso das gentes se está burlando o tenochca? Também seu coração sofre pelo povo em que nasceu. Que deixem só o tenochca; que só e por si mesmo... siga perecendo...

"Vai se angustiar acaso o coração do tlatelolca, porque desta maneira hão perecido os mexicanos, de quem ele se burlava?"

Então dizem (os enviados tlatelolcas) aos senhores:

– Não é acaso deste modo como o dizeis, senhores?

Dizem eles (os reis indígenas aliados de Cortez):

– Sim. Assim o ouça nosso senhor o "deus": deixai só ao tenochca, que por si só pereça...Ali está a palavra que vós tereis de nossos chefes?

Disse o "deus" (Cortez):

– Vá dizer a Cuauhtémoc: que cheguem a um acordo, que deixem só ao tenochca. Eu me irei para Teucalhueyacan, como eles se concentraram lá irão me dizer suas palavras. E no que diz respeito às naus, as mudarei para Coyoacan.

Quando o ouviram, lhe disseram (os tlatelolcas):

– Onde devemos colher àqueles (aos tenochcas) que andam buscando? Já estamos no último respiro, que de uma vez tomemos algum alento...

E desta mesma maneira se foram a falar com os tenochcas. Lá com eles se fez junta. Desde as barcas não mais se gritou. Não era possível deixar só ao tenochca.

Renova-se a luta

Assim as coisas, finalmente, contra nós se dispõem a atacar. É a batalha. Logo chegaram a colocar-se em Cuepopan e em Cozcacuahco. Se põem em atividade com seus dardos de metal. É a batalha com Coyohuehuetzin e quatro mais.

Pelo que faz a nau deles, vem a colocar-se em Texopan. Três dias é a batalha ali. Vem a expulsar-nos dali. Logo chegam ao Pátio Sagrado: quatro dias é a batalha ali.

Logo chegam até Yacacolco: é quando chegaram aqui os espanhóis, pelo caminho de Tlilhuacan.

E isso foi tudo. Habitantes da cidade morreram dois mil homens exclusivamente de Tlatelolco. Foi quando fizemos os de Tlatelolco armações de "fileiras de crânios" (tzompantli). Em três sítios estão colocadas estas armações. E o que está no Pátio Sagrado de Tlilancalco (Casa Negra). E onde estão enfiados os crânios de nossos senhores (espanhóis).

Em segundo lugar, que é Acacolco, também estão enfiados crânios de nossos senhores e dois crânios de cavalo.

Em terceiro lugar, que é Zacatla, frente ao templo da deusa (Cihuacóatl), há exclusivamente crânios de tlatelolcas.

E assim as coisas, vieram a fazer-nos evacuar. Vieram a estacionar no mercado.

Foi quando ficou vencido o tlatelolca, o grande tigre, a grande águia, o grande guerreiro. Com isso deu sua final conclusão à batalha.

Foi quando também lutaram e batalharam as mulheres de Tlatelolco lançando seus dardos. Deram golpes nos invasores; levavam postas insígnias de guerra; as tinham postas. Seus fraldelins levavam arregaçados, os alçaram para cima de suas pernas para poder perseguir os inimigos.

Foi também quando o fizeram um dossel com mantas ao capitão ali no mercado, sobre um oratório. E foi quando colocaram a catapulta aqui no oratório. E no mercado a batalha foi por cinco dias.

Descrição épica da cidade sitiada

E tudo isso se passou conosco. Nós o vimos, nós o admiramos: com esta lamentosa e triste sorte nos vimos angustiados.

> Nos caminhos jazem dardos rotos,
> os cabelos estão espalhados.
> Destelhadas estão as casas,

ensanguentados ficaram seus muros.
Vermes pululam pelas ruas e praças,
e as paredes estão salpicadas de miolos.
Vermelhas estão as águas, estão como que tingidas,
e quando as bebemos, é como se bebêssemos água de salitre.

Golpeávamos, insistentes, os muros de adobe,
e era nossa herança uma rede de agulheiros.
Com os escudos foi seu resguardo,
mas nem com escudos pôde ser sustentada sua solidão.
Temos comido paus de colorín,
temos mastigado grama salitrosa,
pedras de adobe, lagartixas, ratões, terra em pó, vermes...

Comemos a carne; apenas sobre o fogo estava posta. Quando estava cozida a carne, dali a arrebataram; e no fogo mesmo a comiam.

Nos foi posto um preço. Preço do jovem, do sacerdote, da criança e da donzela. Basta: de um pobre era o preço só dois punhados de milho, só dez tortas de mosco,[5] só era nosso preço vinte tortas de grama salitrosa.

Ora, jades, mantas ricas, plumas de quetzal, tudo isso que é precioso, em nada foi estimado.

Somente se jogou fora do mercado a gente quando ali se colocou a catapulta.

Sendo assim, a Cuauhtémoc lhe levavam os cativos. Não ficavam assim. Os que levam aos cativos são os capitães de Tlacatecco. De um lado e de outro lhes

5. Semente de certa gramínea. (N.T.)

abrem o ventre. Lhe abria o ventre Cuauhtemoctzin em pessoa e por si mesmo.

A mensagem de Acolnahuácatl Xóchitl

Foi neste tempo quando vieram trazer (os espanhóis) a Acolnahuácatl Xóchitl, que tinha sua casa em Tenochtitlán. Morreu na guerra. Por vinte dias o haviam andado trazendo com eles. Vieram deixá-lo no mercado de Tlatelolco. Ali as flechas o caçaram.

Quando o vieram a deixar foi assim: o vinham trazendo de ambos lados colhido. Traziam também uma balestra, um canhão, que vão colocar no lugar onde se vende incenso. Ali deram gritos.

Logo vão os de Tlatelolco, vão recolhê-lo. Vai guiando a gente o capitão de Huitznahuac, um huasteco.

Quando tiveram recolhido a Xóchitl vem a dar conta (a Cuauhtémoc) o capitão de Huitznahuac, vem a dizer-lhe:

– Traz um recado Xóchitl.

E Cuauhtémoc conferenciou com Topantémoc:

– Tu irás parlamentar com o capitão (com Cortez).

Durante o tempo em que foram deixar a Xóchitl, descansou o escudo, já não houve combates, já não se colhia prisioneiro a ninguém.

Logo levam a Xóchitl, o colocam no templo da Mulher (Cihuacóatl), em Axocotzinco.

Quando o hão colocado ali, logo Topantemoctzin, Coyohuehuetzin e Temolitzin dizem a Cuauhtémoc:

– Príncipe meu: (os espanhóis) hão vindo a deixar a um dos magistrados, Xóchitl, o de Acolnahuácatl. Diz que te há de dar seu recado.

Respondeu (Cuauhtémoc), logo disse:

– E vós, que dizeis?

Imediatamente todos alçaram o grito e disseram:

– Que o tragam aqui... veio a ser como nossa paga. Já fizemos agouros com papel, já fizemos agouros com incenso. Que ouça somente sua mensagem o que foi recolher.

Portanto, imediatamente vai o capitão de Huitznáhuac, o huasteco, a ver como é a mensagem que vem deixar Xóchitl.

O Acolnahuácatl Xóchitl disse:

– Os manda dizer o "deus" capitão e Malintzin:

"Ouçam, por favor, Cuauhtémoc, Coyohuehuetzin, Topantémoc:

"Não têm compaixão dos pobres, das crianças, dos velhinhos, das velhinhas? Acaso tudo acabou aqui? Acaso, todavia, podem as vãs palavras? Tudo está terminado!

"Entreguem mulheres de cor clara, maíz branca, galinhas, ovos, tortillas brancas! Ainda é isto possível. Que respondem? E necessário que por sua própria vontade se submeta o tenochca, o que por sua própria vontade pereça!..."

Quando recebeu a mensagem o capitão de Huitznáhuac, o huasteco, logo vai dar a palavra aos senhores de Tlatelolco e ali ao rei dos tenochcas Cuauhtémoc. E quando ouviram a mensagem que lhes veio a comunicar o Acolnahuácatl Xóchitl logo se põem em deliberação os senhores de Tlatelolco. Dizem:

– Que é que dizeis vós? Que determinação tomais?

Disse a este o Tlacochcálcatl Coyohuehuetzin:

– Fale ao huasteco.

Consultam-se os agoureiros

E disse Cuauhtémoc (aos agoureiros):

– Venha por favor: que olhais, que vês em vossos livros?

Lhe disse o sacerdote, o sabedor de papéis, o que corta papéis.

– Príncipe meu: ouvi o que de verdade diremos:

“Somente quatro dias e haveremos cumprido oitenta. E acaso é disposição de Huitzilopochtli de que já nada suceda. Acaso a escusas dele tereis que ver por vós? Deixemos que passem estes quatro dias para que se cumpram oitenta.”

E feito isto, não se fez caso. E também de nova conta começou a batalha. De modo que somente foi apresentá-la, a dar começo à guerra o capitão de Huitznáhuac, o huasteco.

Por fim de contas todos nos pusemos em movimento até Amáxac. Até lá chegou a batalha. Logo foi a dispersão, não mais pelas costas estão colocadas as gentes. A água está cheia de pessoas; os começos dos caminhos estão cheios de gente.

A cidade vencida

Este foi o modo como feneceu o mexicano, o tlatelolca. Deixou abandonada sua cidade. Ali em Amáxac foi onde estivemos todos. E já não tínhamos escudos, já não tínhamos macanás, e nada tínhamos que comer, já nada comemos. E toda a noite choveu sobre nós.

Prisão de Cuauhtémoc

Sendo assim, quando saíram da água já vão Coyohuehuetzi, Topantemoctzin, Temilotzin e Cuauhtemoctzin. Levaram a Cuauhtemoctzin onde estava o capitão, e dom Pedro de Alvarado e dona Malintzin.

E quando eles foram feitos prisioneiros, foi quando começou a sair a gente do povo a ver onde ia estabelecer-se.

E ao sair ia com farrapos, e as mulherzinhas levavam as carnes das cadeiras quase desnudas. E por todos os lados fazem rebusca os cristãos. Lhes abrem as fraldas, por todos os lados lhes passam a mão, por suas orelhas, por seus seios, por seus cabelos.

E esta foi a maneira como saiu o povo: por todos os rumos se espalhou; pelos povos vizinhos, se foi a meter aos rincões, nas margens das casas dos estranhos.

Em um ano 3-Casa (1521), foi conquistada a cidade. Na data em que nos espalhamos foi em Tlaxochimaco, no dia 1-Serpente.

Quando nos dispersamos os senhores de Tlatelolco foram estabelecer-se em Cuauhtitlan: são Topantemoctzin, o Tlacochcálcatl Coyohuehuetzin e Temilotzin.

O que era grande capitão, o que era grande varão só por lá vai saindo e não leva farrapos. De modo igual, as mulheres, somente levavam em suas cabeças trapos velhos, e com peças de várias cores haviam feito suas camisas.

Por esta causa estão aflitos os chefes e disso falam uns com outros: perecemos pela segunda vez!

Um pobre homem do povo que ia para cima foi morto em Otontlan de Acolhuacan traiçoeiramente. Portanto, se põem a deliberar uns com outros os do povo que têm compaixão daquele pobre. Dizem:

– Vamos, vamos a rogar ao capitão nosso senhor.

A ordem de entregar o ouro

Neste tempo se requisita o ouro, se investigam as pessoas, se lhes pergunta se acaso um pouco de ouro têm, se o esconderam em seu escudo, ou em suas insígnias de guerra, se ali o tiveram guardado, ou se acaso seu pingente, seu colgalho do lábio, ou sua luneta do nariz,

Os cães e seu papel na conquista

ou talvez seu dixe pendente, tudo quanto seja, logo há de juntar-se.

E feito isso, se reuniu tudo quanto se pôde descobrir. Logo o vem apresentar um de seus chefes, Cuezacaltzin de Tlapala, Huitziltzin, de Tepanecapan, o capitão de

Huitznáhuac, o huasteco, e Potzontzin de Cuitlanchcohuacan. Estes vão entregar o ouro a Coyoacan. Quando hão chegado lá dizem:

– Capitão, senhor nosso, amo nosso: te mandam suplicar os senhores teus vassalos os grandes de Tlatelolco. Dizem:

"Ouça por favor o senhor nosso:

"Estão aflitos seus vassalos, pois os afligem os habitantes dos povos onde estão refugiados pelos rincões e esquinas.

"Zombam deles o habitante de Acolhuacan e o otomí, os matam à traição.

"E isto mais: aqui está isto com que vêm a implorar-te: isto é o que estava nas orelheiras e nos escudos dos deuses de teus vassalos."

Em sua presença colocam aquilo, o põem em cestões para que o veja. E quando capitão e Malintzin o viram se enojaram e disseram:

– É acaso isso o que se anda buscando? O que se busca é o que deixaram cair no Canal dos Toltecas. Onde está? Se necessita!

Num momento lhe respondem os que vêm em comissão:

– O deu Cuauhtemoctzin à Cihuacóatl e à Huiznahuácatl. Eles sabem onde está: que lhes perguntem.

Quando o ouviu finalmente mandou que lhes pusessem grilhões, que os acorrentassem. Veio a dizer-lhes Malintzin:

– Disse o capitão: "que partam, que partam a chamar seus chefes". Lhes ficou agradecido. Pode ser que deveras estejam padecendo os do povo, pois dele se estão zombando.

"Que venham, que venham a habitar suas casas de Tlatelolco; que em todas suas terras venham a estabelecer-se os tlatelolcas. E digam aos senhores chefes de Tlatelolco: já em Tenochtitlán ninguém há de estabelecer-se, pois é a conquista dos 'deuses', é sua casa. Toque-os."

O suplício de Cuauhtémoc

Feito isso, quando tinham ido os embaixadores dos senhores de Tlatelolco, logo se apresentaram ante (os espanhóis) os chefes de Tenochtitlán. Querem fazê-los falar.

Foi quando o queimaram os pés a Cuauhtemoctzin.

Quando apenas amanhecera o foram trazer, o ataram a um pau, o ataram a um pau na casa de Ahuizotzin em Acatliyacapan.

Ali saiu a espada, o canhão, propriedade de nossos amos.

E o ouro o sacaram em Cuitlahuactonco, na casa de Itzpotonqui. E quando o tiraram, de novo o levam atados a nossos príncipes até Coyoacan.

Foi nesta ocasião quando morreu o sacerdote que guardava a Huitzilopochtli. Lhe haviam feito investigação sobre onde estavam os atavios do deus e os do Sumo Sacerdote de Nosso Senhor e os do Incensador (máximo).

Então foram feitos sabedores de que os atavios que estavam em Cuauhchichilco, em Xaltocan; que os tinham guardados uns chefes.

Os foram tirar de lá. Quando já apareceram os atavios, a dois enforcaram no meio do caminho de Mazatlan.

O povo regressa a estabelecer-se em Tlatelolco

Foi neste tempo quando começou a regressar para cá o povo baixo veio a se estabelecer em Tlatelolco. Foi o ano 4-Coelho.

Logo veio Temilotzin, veio a se estabelecer em Capultitlan.

E dom Juan Huehuetzin veio a se estabelecer em Atícpac.

Mas Coyohuehuetzin e Topantemoctzin morreram em Cuauhtitlan.

Quando viemos a nos estabelecer em Tlatelolco aqui somente nós vivemos. Ainda não vinham a se instalar nossos amos os cristãos. Ainda nos deixaram em paz, todos ficaram em Coyoacan.

Lá enforcaram a Macuilxochitl, rei de Huitzilopochco. E logo ao rei de Culhuacan, Pizotzin. Aos de lá enforcaram.

E ao Tlacatécatl de Cuauhtitlan e ao mordomo da Casa Negra os fizeram comer pelos cachorros.

Também a uns de Xochimilco os comeram os cachorros.

E a três sábios de Ehécatl, de origem tetzcocano, os comeram os cachorros. Não mais eles vieram entregar-se. Ninguém os traz. Não mais vinham trazendo seus papéis com pinturas (códices). Eram quatro, um fugiu: somente três foram alcançados, lá em Coyoacan.

E quanto aos espanhóis, quando hão chegado a Coyoacan, dali se repartiram pelos diversos povos, por todos os lugares.

Logo se lhes deram, índios vassalos em todos estes povos. Foi então quando se deram pessoas em dádiva, foi quando se deram como escravos.

Neste tempo também deram por livres aos senhores de Tenochtitlán. E os libertados foram a Azcapotzalco.

Ali (em Coyoacan) se puseram de acordo (os espanhóis) de como levariam a guerra a Metztitlan. De lá voltaram a Tula.

Logo já toma a guerra contra Uaxacac (Oaxaca) o capitão.

Eles vão a Acolhuacan, logo a Metztitlan, a Michoacan...

Logo a Huey Mollan e a Cuauhtemala, e a Tecuantépec.

Aqui acaba. Já se referiu como foi feito este papel.[6]

6. *Ms. anônimo de Tlatelolco* (1528) (seção referente à Conquista). Versão de Ángel Ma. Garibay K. (N.A.)

Capítulo XV
Cantos tristes da conquista

Introdução

Talvez o melhor final que possa dar-se à *Visão dos vencidos* seja a transcrição de uns quantos icnocuícatl, cantos tristes, verdadeiras elegias, obras dos cuicapicque ou poetas nahuas da era pós-Cortez.

O primeiro icnocuícatl à Conquista, que a seguir se transcreve, provém da coleção de *Cantares mexicanos* e provavelmente foi composto até o ano de 1523. Nele se recorda com tristeza a forma como se perdeu para sempre o povo mexícatl. O poema seguinte é ainda mais expressivo. Tomado do manuscrito indígena de 1528, descreve com um dramatismo extraordinário a situação dos sitiados durante o assédio de México-Tenochtitlán.

Finalmente, o terceiro poema, que forma parte do grupo de poemas melodramáticos que serviam para ser representados. Compreende desde a chegada dos conquistadores a Tenochtitlán, até a derrota final dos mexicas. Aqui tão somente se transcrevem os mais dramáticos momentos da parte final. Estes poemas, com mais eloquência que outros testemunhos, mostram já a ferida tremenda que deixou a derrota no ânimo dos índios. São, usando as palavras de Garibay, um dos primeiros indícios do trauma da Conquista.

Perdeu-se o povo mexícatl

O pranto se estende, as lágrimas gotejam ali em Tlatelolco.
Por água abaixo já se foram os mexicanos;
parecem mulheres; a fuga é geral.
Aonde vamos? oh amigos! Logo foi verdade?
Já abandonam a cidade do México:
o vapor está se levantando; a névoa está se estendendo...
Com pranto se saúdam o Huiznahuácatl Motelhuihtzin,
o Tlailotlácatl Tlacotzin,
o Tlacatecuhtli Oquihtzin...

Chorai, amigos meus,
tereis entendido que com estes fatos
perdemos a nação mexicana.
A água se azedou, se azedou a comida!
Isto é o que fez o Criador da vida em Tlatelolco.
Sem recato são levados Motelhuihtzin e Tlacotzin.
Com cantos se animavam uns e outros em Acachinanco,
ah, quando foram a ser postos à prova lá em Coyacan...[1]

---

1. *Cantares mexicanos* (Biblioteca Nacional do México). (N.A.)

Os últimos dias do sítio de Tenochtitlán

E tudo isso se passou conosco.
Nós o vimos,
nós o admiramos.
Com esta lamentosa e triste sorte
nos vimos angustiados.

Nos caminhos jazem dardos rotos,
os cabelos estão espalhados.
Destelhadas estão as casas,
ensanguentados têm seus muros.

Vermes pululam pelas ruas e praças,
e as paredes estão salpicadas de miolos.
Vermelhas estão as águas, estão como que tingidas,
e quando as bebemos,
é como se bebêssemos água de salitre.

Golpeávamos, insistentes, os muros de adobe,
e era nossa herança uma rede de agulheiros.
Com os escudos foi seu resguardo,
mas nem com escudos pôde ser sustentada sua solidão.

Comemos paus de colorín,
mastigamos grama salitrosa,
pedras de adobe, lagartixas,
ratões, terra em pó, vermes...

Comemos a carne, apenas
sobre o fogo estava posta.
Quando estava cozida a carne,
dali a arrebatavam,
no fogo mesmo, a comiam.

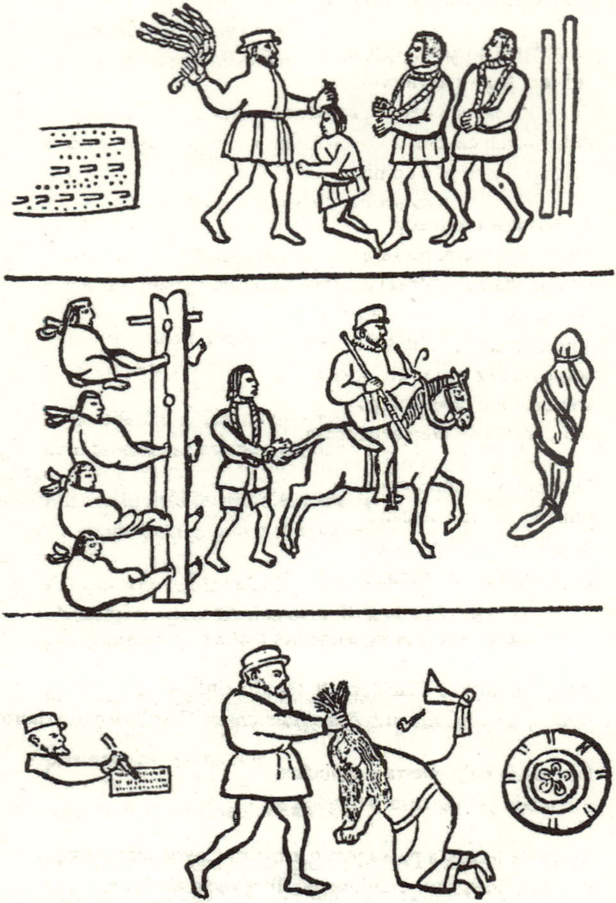

O destino dos vencidos

Se nos pôs um preço.
Preço de jovem, de sacerdote,
de criança e de donzela.
Basta: de um pobre era o preço
somente dois punhados de milho,

somente dez tortas de mosco;
somente era nosso preço
vinte tortas de grama salitrosa.

Ora, jades, mantas ricas,
plumagens de quetzal,
tudo isso que é preciso,
em nada foi estimado...[2]

A ruína dos tenochcas e tlatelolcas

Afana-te, luta, ó Tlacatéccatl Temilotzin!:
já saem de suas embarcações os homens de Castilla
e os dos hortos.

É cercado pela guerra o tenochca;
é cercado pela guerra o tlatelolca!

Já vem a fechar a passagem o armeiro Coyohuehuetzin;
já saiu pelo grande caminho do Tepeyac o acolhua.

É cercado pela guerra o tenochca;
é cercado pela guerra o tlatelolca!

Já se enegrece o fogo;
ardendo rebenta o tiro,
já se difundiu a névoa:

Prenderam a Cuauhtémoc!
Se estende uma braçada de príncipes mexicanos!

---

2. *Ms. anônimo de Tlatelolco*, 1528. (Biblioteca Nacional de Paris.) (N.A.)

É cercado pela guerra o tenochca,
é cercado pela guerra o tlatelolca![3]

A prisão de Cuauhtémoc

É cercado pela guerra o tenochca;
é cercado pela guerra o tlatelolca!

Já se enegrece o fogo, ardendo rebenta o tiro:
a névoa já se difundiu:

Já prenderam a Cuauhtemoctzin:
uma braçada se estende de príncipes mexicanos!

É cercado pela guerra o tenochca;
é cercado pela guerra o tlatelolca!

Passados nove dias são levados em tumulto a Coyohuacan
Cuauhtemoctzin, Coanacoch, Tetlepanquetzaltzin:
prisioneiros são os reis.

Os conforta Tlacotzin e lhes dizia:
"Oh sobrinhos meus, tenhais ânimo: com cadeias de ouro atados, prisioneiros são os reis".

Responde o rei Cuauhtemoctzin:
"Oh sobrinho meu, estás preso, estás carregado de ferros.

---

3. *Cantares mexicanos* (Biblioteca Nacional do México). (N.A.)

"Quem és tu, que te sentas junto ao Capitão General?
"Ah, é dona Isabel, minha sobrinha!
"Ah, é verdade, prisioneiros são os reis!

"Por certo serás escrava, serás pessoa de outro:
"será forjado o colar, o quetzal será tecido, em Coyohuacan
"Quem és tu, que te sentas junto ao Capitão General?
"Ah, é dona Isabel, minha sobrinha!
"Ah, é verdade, prisioneiros são os reis."[4]

4. *Cantares mexicanos* (Biblioteca Nacional do México). (N.A.)

Apêndice

Evolução cultural do México antigo

Evolução cultural do México antigo

O esplendor asteca contemplado pelos conquistadores não foi, como é óbvio, resultado de geração espontânea. Constituía uma realidade, o último elo de uma larga sequência cultural, que remonta a tempos muito antigos, anteriores à era cristã.

Para tornar compreensível a evolução cultural pré-hispânica, ensaiaremos um rápido recorrido, através dos milênios do México antigo, correlacionando-os com fatos bem conhecidos na história do Velho Mundo.

Antes de mais nada temos que recordar que enquanto a presença do homem na Terra tem pelo menos meio milhão de anos, a chegada dos primeiros seres humanos ao continente americano parece ter ocorrido tão somente há aproximadamente trinta mil anos. O homem no Vale do México é todavia mais recente, já que o fóssil humano mais antigo, encontrado em Tepexpan, próximo às pirâmides de Teotihuaca, parece remontar a uns dez mil anos.

A aparição de formas de cultura superior na América é igualmente muito mais tardia que no Velho Mundo. Enquanto no Egito e Mesopotâmia se encontram testemunhos escritos desde o milênio IV a.C., na América e concretamente no México há que aguardar até um milênio e meio a.C. para encontrar os primeiros vestígios de uma agricultura sistemática e da confecção de objetos de cerâmica que começaram a aparecer pouco depois.

Os mais antigos restos arquitetônicos, que indicam a presença de centros cerimoniais no México pré-hispânico, datam provavelmente de uns 500 anos a.C., ou seja, precisamente do tempo em que no Velho Mundo se haviam escutado as palavras dos profetas de Israel e quando na Grécia faziam sua aparição os primeiros filósofos pré-socráticos. Quiçá o mais importante fermento da cultura superior pré-colombiana se localize nas costas do Golfo do México, onde surgiram extraordinários artífices e de onde procede a inscrição de calendário mais antiga, anterior à era cristã. Esses misteriosos criadores de cultura da região do Golfo, que à falta de nome melhor têm sido chamados "olmecas", palavra que quer dizer, em língua náhuatl, "gente da região do Hule", iam influenciar posteriormente com sua arte, suas técnicas e suas ideias religiosas numerosos grupos provenientes das longínquas costas do norte do Oceano Pacífico. Pronto se deixaram sentir as consequências desse influxo cultural.

Em princípios da era cristã, enquanto Roma consolidava seu império e o Cristianismo começava a estender-se pelo mundo Mediterrâneo, no México Antigo começava a surgir aquilo que, com razão, podiam chamar-se também de impérios. Nas selvas centro-americanas se fincavam os fundamentos daquelas que chegariam a ser as cidades sagradas dos maias em Tikal, Uaxactún, Copán e Palenque. Na região central do México, a uns quarenta quilômetros ao norte da atual cidade do mesmo nome, se começava a edificar a grande cidade dos deuses, Teotihuacan, que com suas pirâmides, seus palácios, esculturas e pinturas chegaria a ser paradigma e inspiração das ulteriores criações de outros povos que haveriam de vir. A ruína do império romano coincide no tempo com o esplendor clássico das cidades do mundo maia e de Teotihuacan, com seus incontáveis palácios cobertos de inscrições e afrescos. Muitas dessas mesmas inscrições e representações de deuses haveriam de encontrar-se mais tarde nos livros de pinturas e na arte dos astecas contemporâneos da conquista.

Até o século IV e V, especialmente no mundo maia, as inscrições redigidas com uma escritura em parte ideográfica e em parte fonética são extremamente abundantes. São testemunhos de que esses povos possuíam um profundo sentido da história e do tempo, como o provam seus calendários, dois décimos de milésimo mais próximos do ano astronômico que nosso próprio calendário atual.

Por razões em grande parte desconhecidas, até os séculos VIII e IX os grandes centros rituais de Teotihuacan e do mundo maia começaram a decair e foram por fim abandonados. Alguns autores atribuíram isto à chegada de novas tribos procedentes do norte, que, como no caso dos bárbaros de origem germânica, constituíram a grande ameaça dos criadores de cultura já estabelecidos. Assim, enquanto na Europa até o século IX d.C. se consolidam o feudalismo e posteriormente os novos reinos, dentro de uma cultura que chamaríamos mestiça, resultado dos elementos greco-romanos e bárbaros, na região central do México nasce também um novo Estado, assim mesmo mestiço, influenciado culturalmente pela civilização teotihuacana. Se trata do chamado "império tolteca", integrado por pessoas vindas do norte que falam já sem sombra de dúvida a mesma língua náhuatl que vários séculos mais tarde seria também o idioma dos astecas.

Os toltecas se estabeleceram em Tula e, sob a égide do grande herói cultural Quetzalcóatl, estenderam ainda mais a cultura criada pelos teotihuacanos. Sobre os toltecas falam numerosos textos indígenas. Se diz deles que foram grandes artífices, gente extremamente religiosa, comerciantes, homens extraordinários. Tão grande foi o prestígio deixado por eles que a palavra tolteca se tornou sinônimo de artista.

Os toltecas estenderam sua influência muito mais além de Tula, situada a uns sessenta quilômetros ao noroeste da atual Cidade do México. Sua presença se deixou sentir mais além dos grandes vulcões, chegando até a América Central e Yucatán, como pode comprovar-se visitando a cidade sagrada de Chichén Itzá. Ali os maias, que também haviam iniciado um renascimento cultural, se viram profundamente influenciados pelos toltecas.

Mas, ainda outra vez os moradores de Tula, impelidos provavelmente por novas hordas chegadas do norte, tiveram que abandonar sua cidade. Quetzalcóatl marchou até o oriente, com a promessa de que algum dia haveria de regressar de além das águas imensas. Os novos grupos vindos do norte receberam de novo a influência cultural de origem teotihuacana e tolteca. Assim foram aparecendo ao redor do grande lago do vale do México numerosas cidades-Estado, princípio de outro renascimento cultural, quase contemporâneo do primeiro renascimento italiano.

Até o século XIII, nascem dois Estados que alcançavam considerável esplendor. Um estava situado ao sul dos lagos e havia florescido graças à presença de numerosas pessoas de origem tolteca. Se trata do célebre Culhuacan, relativamente próximo da atual Cidade Universitária, ao sul da Cidade do México. O outro era um estado integrado por pessoas das mais diversas filiações étnicas. Dotado de sentido guerreiro e administrativo, havia logrado maior poderio que seus vizinhos do sul. Se trata de Azcapotzalco, lugar que hoje em dia forma parte da grande Cidade do México na região noroeste da mesma.

Em meados do século XIII, penetrou no Vale do México o último dos muitos povos nômades que haviam chegado do norte. Ao passar próximo das cidades-Estado onde já florescia a cultura, se lhes rechaçava com violência como a forasteiros indesejáveis. É certo que falavam a mesma língua que os antigos toltecas, mas careciam de boa parte de sua cultura. Como disse um velho texto indígena, "na realidade ninguém conhecia seu rosto". Esses nômades eram precisamente os astecas ou mexicanos, que traziam consigo como única herança uma força de vontade indomável.

Depois de sofrer incontáveis humilhações, os astecas lograram estabelecer-se em um ilhote do lago. A data de fundação de sua cidade, de acordo com antigos livros de pinturas, foi o ano de 1325. Em pouco mais de um século, ainda que pareça incrível, até 1428, os antigos necessitados, os forasteiros astecas, haviam logrado assimilar a cultura milenar, consolidando ao mesmo tempo sua plena independência. A partir desse momento, os astecas deram início à sua etapa dominadora. E de novo, em menos de um século, estenderam seus domínios desde as costas do Golfo até o Pacífico, chegando ao sul até afastadas regiões da Guatemala. Como veremos, o móvel de sua ação foi o que hoje poderia chamar-se profundo misticismo guerreiro, derivado de sua concepção de mundo e da divindade.

Sua cidade se enriqueceu. Conhecida com o nome de México-Tenochtitlán, veio a ser uma cidade mais poderosa que a antiga Tula dos toltecas. Seus templos, jardins e palácios haveriam de deixar estupefatos os conquistadores espanhóis que iam contemplá-la pela primeira vez em novembro de 1519.

Mas, simultaneamente com este período de expansão dos astecas, no Velho Mundo desde 1416, começavam a ter lugar os primeiros descobrimentos. Entre esse ano e 1432, navegantes portugueses descobriam as ilhas da Madeira e Açores, primeiro passo que levaria ao descobrimento do novo continente. Durante os anos que se seguiram, outros marinheiros espanhóis e lusitanos chegaram a atravessar a linha equatorial nas costas da África, até 1470, e em 1487 o célebre Bartolomeu Dias chegava ao Cabo da Boa Esperança, tão somente uns quantos anos antes que Cristóvão Colombo viesse a encontrar o Novo Mundo.

Deste modo a nação asteca, que alargava seus domínios e difundia a antiga cultura, ia precisamente encontrar-se frente a frente com outro movimento expansionista muito mais poderoso, por possuir armas e técnicas de destruição que devem qualificar-se de superiores. Esse encontro iniciado, segundo referências astecas, em 1519, seria interpretado inicialmente em formas bem distintas. Os astecas acreditavam que os forasteiros chegados pelas costas do Golfo eram Quetzalcóatl e os deuses que por fim regressavam. Os espanhóis, desdenhosos da antiga cultura pré-colombiana, tiveram por bárbaros os astecas e viram neles a possibilidade de apossar-se de suas riquezas, impondo-lhes novas formas de vida.

Esse encontro, de que deixaram um vivo testemunho os conquistadores e também os vencidos, significa na realidade não somente o choque de dois movimentos expansionistas, mas sim a confrontação de duas culturas e de duas maneiras de entender a existência. Por um lado, a mentalidade dos espanhóis, que, recém-terminadas as guerras de reconquista contra os árabes, se haviam convertido de imediato na potência mais poderosa da Europa. Por outro, o Estado asteca, que chegava então a seu clímax, como o mostrava entre outras coisas sua extraordinária capital, México-Tenochtitlán, e sua vigorosa estrutura religiosa, social, econômica e política. Para compreender melhor a tragédia que significou a destruição da cultura indígena, vale a pena traçar em breves linhas o quadro de sua grandeza final, o mesmo que contemplaram aqueles que no princípio foram tidos por deuses vindos de mais além do mar, em 1519.

México-Tenochtitlán, metrópole dos astecas

Humildes foram os inícios da capital asteca, fundada em 1325 em um ilhote no meio dos lagos que cobriam então a maior parte do grande Vale do México. As crônicas indígenas falam das vicissitudes e trabalhos dos astecas ao começar a edificar umas quantas choças miseráveis e um pequeno altar em honra de seu deus supremo, o senhor da guerra Huitzilopochtli. Mas a força de vontade possibilitou tudo. Pouco menos de dois séculos mais tarde, o conquistador espanhol Bernal Díaz del Castillo descreve entusiasmado o que quase como um sonho contemplaram seus olhos, quando, estabelecidos já em Tenochtitlán os espanhóis na qualidade de hóspedes de Motecuhzoma, pôde dar-se conta de sua grandeza ao percorrê-la com sua mirada desde o mais alto do templo maior:

"Dali vimos as três calçadas que entram no México, que é a de Iztapalapa, que foi pela qual entramos durante quatro dias, e a de Tacuba, que foi por onde depois saímos fugindo à noite de nosso grande desbarato, quando

Cuedlabaca (Cuitláhuac), novo senhor, nos expulsou da cidade, como adiante diremos, e a de Tepeaquilla. E víamos a água doce que vinha de Chapultepec, de que se provia a cidade, e naquelas três calçadas, as pontes que tinham sido feitas de trecho em trecho, por onde entrava e saía a água da laguna de um lado ao outro e víamos naquela grande laguna tantas quantidades de canoas, umas que vinham com abastecimentos e outras que voltavam com cargas e mercadorias; e víamos que cada casa daquela grande cidade, e de todas as demais que estavam povoadas na água, de casa em casa não se passava senão por umas pontes levadiças que tinham sido feitas de madeira ou em canoas; e víamos naquelas cidades, templos e adoratórios à maneira de torres e fortalezas, e todos branqueando, que era coisa de admiração, e as casas de açoteias, e nas calçadas outras torrezinhas e adoratórios que eram como fortalezas.

E depois de bem olhado e considerado tudo o que havíamos visto, tornamos a ver a grande praça e a multidão de gente que nela havia, uns comprando e outros vendendo, que somente o rumor e zumbido das vozes e palavras que ali havia ressoavam mais que de uma légua, e entre nós havia soldados que haviam estado em muitas partes do mundo, e em Constantinopla, e em toda a Itália e Roma, e disseram que praça tão bem-compassada e com tanto concerto e tamanho e tão cheia de gente jamais haviam visto..."[1]

Razão tinha o conquistador espanhol ao descrever a cidade de forma tão entusiasta. Hoje em dia, em função de alguns mapas antigos e do testemunho da arqueologia,

1. Díaz del Castillo, Bernal. *História verdadera de la conquista de México*. Editorial Porrúa, México, 1955.

é possível oferecer alguns dados concretos que corroboram e esclarecem a opinião de Bernal Díaz del Castillo. A cidade que havia crescido graças ao terreno que, fruto do que poderia chamar-se hábil engenharia lacustre, ia obtendo, se estendia em uma superfície com a forma de um quadrado mais ou menos regular de aproximadamente três quilômetros por lado.

Pelo norte, México-Tenochtitlán se havia unido com o ilhote vizinho de Tlatelolco, em outro tempo independente mas submetido ao fim ao poderio asteca em 1473. Tlatelolco estava comunicado por uma calçada construída no meio do lago com o santuário da deusa mãe Tonantzin, situado já em terra firme na margem setentrional do lago, onde hoje se levanta a Basílica de Tepeyac em honra da Virgem de Guadalupe.

Ao sul da cidade saía outra calçada que comunicava com Iztapalapa em terra firme por onde penetraram os conquistadores. No rumo do oriente se abria a superfície do lago e somente em dias claros podia contemplar-se na margem oposta a cidade de Texcoco, famosa por seu célebre rei poeta Nezahualcóyotl. Finalmente ao ocidente, outra calçada se dirigia ao senhorio aliado de Tlacopan ou Tacuba, calçada pela qual tiveram que escapar os espanhóis na célebre noite triste.

México-Tenochtitlán estava dividida em quatro grandes seções, orientadas até cada um dos rumos do universo. Ao noroeste, Cuepopan, "o lugar onde se abrem as flores", que corresponde ao atual bairro de Santa Maria da Redonda. Ao sudoeste, Moyotlan, "o lugar dos mosquitos", seção consagrada posteriormente pelos missionários espanhóis em honra de São João Batista.

Ao sudeste, estava Tcopan, "o lugar de deus", onde se erguia o grande recinto do templo maior da cidade, bairro conhecido depois, durante a colônia, com o nome de São Paulo. Finalmente, ao noroeste estava Aztacalco, "na casa das garças", lugar onde edificaram os missionários a igreja de São Sebastião.

No México-Tenochtitlán os dois sítios mais importantes eram sem dúvida o enorme recinto sagrado no qual se levantavam os 78 edifícios que constituíam o templo maior com seus adoratórios, escolas e dependências e a grande praça de Tlatelolco, onde tinha lugar o mercado em que se vendiam e compravam os mais variados produtos, procedentes de terras longínquas. O recinto do templo maior estava circundado por um muro que formava um grande quadrado de aproximadamente quinhentos metros de lado. Na atualidade tão somente uns quantos restos do edifício principal podem ser contemplados frente ao costado oriental da Catedral do México. Ali mesmo recentemente se instalou uma maquete que permite contemplar em miniatura a grandeza extraordinária dessa verdadeira cidade dedicada ao culto dos deuses.[2]

Frente ao templo maior, por seu costado ocidental, se levantava o palácio de Axayácatl, antigo governante asteca de 1469 a 1481, que foi precisamente onde foram alojados os espanhóis quando chegaram à cidade na qualidade de hóspedes. O palácio imperial de Motecuhzoma, situado frente a uma grande praça, ocupada aproximadamente no mesmo sítio em que hoje se levanta o Palácio Nacional do México.

Além desses e outros palácios havia um sem-fim de templos menores e de construções de cal e pedra reservadas para habitação dos nobres, dos comerciantes, dos artistas e da gente do povo.

---

2. Ver Marquina, Ignacio. *El remplo mayor de México*. Instituto Nacional de Antropologia e História. México, 1960.

As ruas eram mais estreitas e em muitas delas existiam canais que permitiam a entrada das embarcações provenientes das margens do lago. Entre os atrativos da cidade podem mencionar-se os jardins botânico e zoológico, que tanta admiração provocaram nos conquistadores espanhóis.

No México-Tenochtitlán, ao tempo da conquista vivia uma população que se pode calcular em cerca de trezentos mil habitantes. Sua atividade era múltipla. De um lado estavam as cerimônias em honra dos deuses, os sacrifícios e o solene ritual. A isto há que se acrescentar a presença dos mestres sábios que com seus grupos de estudantes entravam e saíam de calmécac e telpuchcalli, centros de educação pré-hispânicos. O ir e vir das canoas carregadas de mercadorias, a atividade contínua dos comerciantes e a gente do povo no mercado de Tlatelolco eram tão impressionantes que aos conquistadores pareceu tudo aquilo algo assim como um formigueiro. Os exercícios militares e a entrada e saída dos guerreiros constituíam outro espetáculo extremamente interessante. Em poucas palavras, pode dizer-se que a vida dessa grande cidade era a de uma metrópole, cabeça do que em forma análoga pode chamar-se um imenso império. A ela chegavam embaixadores e governantes de regiões distantes. Por seus canais e ruas entravam os tributos, as joias de ouro e prata, as plumagens finas, o cacau, o papel feito de cortiça de figueira, os escravos e as vítimas para os sacrifícios humanos. México-Tenochtitlán era certamente um formigueiro em que todos seus integrantes trabalhavam incansavelmente em serviço dos deuses e em favor da grandeza que haveria de chamar-se "povo do Sol."

O que tornou possível o império dos astecas

A riqueza e o poderio militar e econômico do México-Tenochtitlán eram consequência das conquistas realizadas desde os tempos do rei Itzcóatl (1428-1440 d.C.). Ele havia sido quem junto com o famoso rei de Tezcoco, o sábio Nezahualcóyotl, havia derrotado os antigos dominadores de Azcapotzalco e havia estabelecido a que se conhece como "tríplice aliança", ou seja, a união do México-Tenochtitlán, Tezcoco e o que poderia chamar-se "Estado espantalho" de Tlacopan ou Tacuba.

Um fator assim mesmo muito importante na consolidação da grandeza asteca foi a ação do conselheiro real, Tlacaélel, personagem extremamente sagaz, sobrinho de Itzcóatl, que iniciou uma reforma na ordem política, religiosa, social e econômica. Profundo conhecedor da herança cultural recebida dos toltecas, aproveitou dela enquanto acreditou conveniente, mas dando-lhe um rumo distinto, dirigido fundamentalmente a consolidar o poderio e a grandeza de seu povo.

Um texto indígena, que se conserva no *Códice matritense*, relata que além de engrandecer com títulos e terras os principais caudilhos do povo asteca, a raiz de sua vitória em 1428, sobre os antigos dominadores de Azcapotzalco, Itzcóatl e Tlacaélel decidiram dar a seu povo uma nova versão da história asteca. Eis aqui as palavras do texto indígena:

> Se guardava sua história.
> Mas, então foi queimada:
> quando reinou Itzcóatl, no México.
> Se tomou uma resolução,
> os senhores mexicas disseram:
> não convém que toda a gente

conheça pinturas.
Os que estão sujeitos (ao povo),
se puseram a perder
e andará torcida a terra,
porque ali se guarda muita mentira,
e muitos nelas hão sido tidos por deuses.[3]

A nova visão de sua história iniciada então se conserva nos textos de procedência asteca que hoje em dia se conhecem. Neles os mexicas aparecem frequentemente aparentados com a nobreza tolteca. As divindades mexicas, especialmente Huitzilopochtli, se situam num mesmo plano com os antigos deuses criadores, ou seja, com Tezcatlipoca e com Quetzalcóatl. Mas sobretudo, fica claro na documentação asteca esse espírito místico-guerreiro, do "povo do Sol", ou seja, de Huitzilopochtli, que tem por missão submeter a todas as nações da terra, para fazer cativos, com cujo sangue haverá de conservar-se a vida do astro que vai fazendo o dia.

A figura de Huitzilopochtli deixou de ser o nume tutelar de uma pobre tribo perseguida e se foi agigantando cada vez mais, graças à ação de Tlacaélel. A Huitzilopochtli começaram a dirigir-se as antigas preces de origem tolteca e os sacerdotes compuseram hinos em sua honra, como os que já existiam em honra de Quetzalcóatl principalmente. Identificado com o sol, Huitzilopochtli é ao mesmo tempo quem dá vida e conserva, alentando a guerra, esta época em que vivemos. De outra parte, Tlacaélel foi quem insistiu na ideia da necessidade de manter a vida do Sol-Huitzilopochtli com a água preciosa dos sacrifícios.

---

3. Citado no *Códice Matritense de la Academia de la Historia* (edição fac-similar de Paso y Troncoso).

É certo que já antes dos astecas havia sacrifícios humanos. Contudo, não se sabe que se praticaram com tanta frequência como entre eles. A explicação disto é talvez que Tlacaélel soube inculcar aos vários reis mexicas, de quem foi conselheiro, a ideia de que era sua missão estender os domínios de Huitzilopochtli, para obter vítimas com cujo sangue poderia preservar-se a vida do sol. De um breve discurso de Itzcóatl, de quem se diz que "não fazia mais que o que Tlacaélel lhe aconselhava", transcrevemos as seguintes palavras:

"... este é – disse – o ofício de Huitzilopochtli, nosso deus, e a isto veio: para recolher e atrair a si a seu serviço todas as nações com a força de seu peito e de sua cabeça..."[4]

Em honra de Huitzilopochtli, se começou a edificar logo – por conselho também de Tlacaélel – um templo maior, rico e suntuoso. Nele se iam sacrificar numerosas vítimas ao Sol-Huitzilopochtli, que havia levado os mexicas a realizar grandes conquistas: primeiro dos senhorios vizinhos, e logo dos mais distantes de Oaxaca, Chiapas e Guatemala.

Tal foi no pensamento de Tlacaélel o sentido das "guerras floridas", organizadas para obter vítimas a oferecer a seu deus Huitzilopochtli. E assim como introduziu reformas no pensamento e culto religioso, assim também transformou, na ordem jurídica, o serviço da casa real de Motecuhzoma, o exército, a organização dos pochtecas ou comerciantes e ainda, por não deixar, levou acabo a criação de um verdadeiro jardim botânico em Oaxrepec, nas cercanias de Cuauhtla, no Estado atual de Morelos.

---

4. Durán, frei Diego. *História de las Indias de Nueva España y Islas de Tierra Firme*. Ed. José F. Ramírez. México, 1867.

Tlacaélel, que assim consolidou o poderio dos astecas, não quis aceitar jamais a suprema dignidade do rei ou Tlatoani que insistentemente lhe ofereceram os nobres, ao morrer Itzcóatl (1440), ou ao morrer o primeiro dos Motecuhzomas (1469). Preferiu seguir influindo com seu conselho como um verdadeiro poder por trás do trono que fazia possível a realização do que considerou supremos desígnios de seu povo.

Sendo morto, segundo parece pouco antes de 1481, Tlacaélel não chegou a suspeitar que toda a grandeza de seu povo seria destruída pela conquista antes de quarenta anos. Mas, pensando na sagacidade deste homem extraordinário, e por desgraça tão pouco estudado nas histórias, facilmente ocorre uma pergunta de resposta impossível: que teria sucedido se a chegada dos europeus tivesse tido lugar nos tempos de Tlacaélel?

Mas, voltando de novo a atenção aos resultados reais ocorridos da ação de Tlacaélel, convém enumerar ao menos as principais conquistas realizadas pelos astecas e a forma como nelas se estabeleceu seu poderio. Consolidada a tríplice aliança com Tezcoco e Tlacopan, se iniciou a dominação dos numerosos senhorios situados nas margens do lago. Sucumbiram assim Coyoacan, Cuitlahuac, Xochimilco e Chalco.

Ante a ameaça crescente do poderio asteca outros vários Estados optaram por subscrever tratados de aliança, nos que ademais se comprometiam a pagar um tributo a México-Tenochtitlán. Entre outros muitos podem mencionar-se os tlahuicas, gente da mesma língua e cultura que os astecas, povoadores da região sul do atual Estado de Morelos.

Marchando até o oriente, chegaram os astecas às costas do Golfo, estabelecendo contato com a região de Cempoala, que também se comprometeu a pagar tributos ao rei do México. Precisamente por essa região haveriam de aparecer os conquistadores espanhóis e haveriam de tomar cautela com extraordinária sagacidade da pouca simpatia que em realidade tinham os cempoaltecas em relação a México-Tenochtitlán.

Algumas vezes seguindo um plano de conquista, outras em missão comercial, mas sempre com um critério determinado, os exércitos astecas avançaram depois até o sul, onde hoje são os estados de Oaxaca e Chiapas, chegando em ocasiões até a Guatemala e segundo algumas relações até o Istmo de Panamá. De todas essas comarcas chegavam tributos e assim mesmo produtos resultantes de comércio que se fazia em nome do rei de Tenochtitlán. Os astecas respeitaram, sem embargo, a um Estado vizinho deles, integrado pelo que hoje caberia chamar uma "confederação de quatro repúblicas". Se trata de Tlaxcala, que conservou sua independência frente ao poderio asteca. Provavelmente a razão principal pela qual os astecas aceitaram de bom grado reconhecer a independência dos senhorios tlaxcaltecas foi a de tornar possível a obtenção em território próximo de vítimas para os sacrifícios humanos. Para isto mantinham com eles um estado permanente de guerra, não de conquista, mas do que em sua própria língua chamavam "guerras floridas". Além disto, os astecas pensavam que Tlaxcala oferecia a possibilidade de adestrar seus exércitos em um território vizinho, capturando ao mesmo tempo escravos e vítimas para serem sacrificadas ao Sol-Huitzilopochtli. Esta estranha forma de convênio, aceito pelos tlaxcaltecas no poder, despertou neles profundo ódio contra os astecas, ódio que se pôs mais de manifesto à chegada dos espanhóis e que explica por que os tlaxcaltecas se aliaram com Cortez, com a esperança de finalmente vencer os astecas.

A consequência da ação dominadora de México-Tenochtitlán foi que, até a chegada dos espanhóis em 1519, os astecas exerciam domínio sobre vários milhões de seres humanos que falavam distintas línguas desde o Pacífico até o Golfo e desde a região central de México até afastadas regiões vizinhas com a atual República de Guatemala. O desenvolvimento de seu poderio e a afluência contínua de riquezas tiveram por consequência a transformação da forma de vida dos antigos mexicanos. As incipientes classes sociais foram consolidando-se e adquirindo grande excelência. Surgiu assim uma complexa estrutura político-social que deixou assombrados os conquistadores espanhóis.

A sociedade asteca

A estratificação em classes sociais do que havia sido uma antiga tribo de nômades teve sua origem em um feito de certo modo singular. Ao entrar em contato desde meados do século XIII com povos de avançada cultura descendentes dos toltecas, experimentaram os astecas imensa admiração por eles e quiseram, desde logo, ligar-se com o mundo tolteca por vínculos de parentesco. Para isso, lograram os astecas que seu primeiro rei ou tlatoani fosse precisamente um nobre culhuacano de origem tolteca, chamado Acamapichtli. Havendo procriado estes numerosos filhos de várias mulheres astecas, seus descendentes vieram a constituir o núcleo da classe social dos nobres ou pipiltin. Por diversas ligações e parentescos com antigos chefes astecas, esta classe dos nobres cresceu consideravelmente e obteve por fim um status social próprio: os pipiltin, que recebiam de ordinário uma educação muito mais esmerada, eram proprietários de terras tituladas em forma individual; eram eles que exerciam os mais elevados cargos no governo e unicamente dentre eles podia ser eleito o rei ou tlatoani.

Diferente da classe social dos pipiltin existia, claramente definida, a classe dos macehualtin, ou gente do povo. Os macehualtin formavam parte do que se há chamado clãs geográficos, ou seja, linhagens de gente aparentada entre si, com uma determinada localização e uma dotação de terras possuídas em forma comunal. É certo, ao menos entre os astecas, que tanto os pipiltin como os macehualtin deviam concorrer às escolas comunais. Mas a educação dos pipiltin ou nobres era mais esmerada já que aprendiam, entre outras coisas, a arte de interpretar e escrever os códices, a astrologia, a teologia e, em uma palavra, a antiga sabedoria herdada dos toltecas.

Os macehualtin se ocupavam na agricultura, formavam os exércitos e precisamente alguns deles chegaram a constituir as organizações ou grêmios de comerciantes e artesãos. Juntamente com estas classes sociais, coexistiam os grupos dos mayeques que trabalhavam a terra em benefício de outros, assim como várias categorias de escravos, quase sempre por um período limitado de tempo. Sem embargo é mister assinalar que nem os mayeques nem os escravos constituíam em realidade classes sociais claramente diferenciadas dos macehualtin.

Dentre os pipiltin ou nobres se escolhiam os que haviam de desempenhar as mais importantes dignidades, tais como a de sumos sacerdotes, juízes, comandantes dos exércitos etc. Segundo o testemunho de várias fontes indígenas, parece que foi principalmente entre os pipiltin que se conservaram não poucas ideias e práticas de antiga origem tolteca.

Tanto na vizinha cidade Tezcoco, como em Tenochtitlán e em outras povoações, havia grupos de sábios, conhecidos com o nome de Tlamatinime, que continuavam o estudo do antigo pensamento religioso tolteca, do que por obra de Tlacaélel havia surgido inteiramente transformada a que cabe chamar visão místico-guerreira dos astecas.

Os tlamatinime preservaram, em contraste com o culto popular ao deus da guerra, Huitzilopochtli, a antiga crença em um deus único que estava mais além de todos os níveis celestiais. Esse deus supremo era conhecido e invocado com diversos títulos. Se lhe chamava às vezes Tloque-Nahuaque, "Dono do próximo e do que está junto"; Ipalnemohuani, "Criador da vida"; Moyocoyatzin, "O que está se inventando a si mesmo". Desde outro ponto de vista, se considerava que esta divindade suprema, sendo única em si mesma, tinha na realidade dois aspectos ou rostos, um masculino e outro feminino. Assim era invocada como Ometéotl, "o Deus da dualidade". Outras vezes se lhe designava por meio de dois termos, Ometecuhtli e Omecíhuatl, "o Senhor e a Senhora da dualidade".

Em função deste conceito de um deus dual que é ao mesmo tempo potência generativa e princípio que concebe o quanto existe no universo, se encontram inumeráveis títulos referidos nessa mesma dupla suprema, em seus diversos atributos. Assim, por exemplo, se fala de Michtlantecuhtli, Mictecacíhuatl, "o Senhor e a Senhora da região dos mortos"; Chalchiuhtlicue e Chalchiuhtlaltónac, "a Senhora e o Senhor das águas" etc.

Mas deve-se acrescentar que o que no pensamento dos sábios aparecia como meros títulos de princípio supremo, o povo o interpretava como se se tratasse de um sem-número de deuses distintos. Isto e a introdução dos números tutelares, como no caso de Huitzilopochtli, produziu nos conquistadores a impressão de que os astecas eram um povo extremamente idólatra e politeísta.

Uma análise mais cuidadosa do pensamento dos sábios pré-hispânicos mostra que em realidade, ao menos nos estratos sociais superiores, se adorava tão somente a um único deus, Senhor da dualidade, Criador da vida, que está inventando a si próprio.

A guerra no México antigo

Se se recorda a interpretação místico-guerreira tão insistentemente inculcada entre os astecas desde os tempos de Tlacaélel, e em função da qual havia que submeter todos os povos ao jugo de Huitzilopochtli, identificado com o sol, para alimentá-lo com o sangue das vítimas, haverá que reconhecer-se a preponderante importância da guerra como instituição cultural. A guerra se empreendia, como é óbvio, por diversos motivos. Umas vezes eram fins de conquista e outras se dirigia a repelir diversas formas de agressão. Por outro lado, as "guerras floridas", concentradas periodicamente sobretudo contra os senhorios tlaxcaltecas, tinham como fim fazer possível a obtenção de vítimas para conservar com os sacrifícios a vida do sol.

Desde jovens os astecas, assim como os habitantes de outros senhorios do México central, se adestravam na guerra principalmente nos Techpochcalli (centros de educação). O exército estava composto por pequenas unidades de vinte homens, que se combinavam para formar corpos maiores de aproximadamente quatrocentos indivíduos, sob as ordens de um tiachcauh, procedente do próprio bairro. Os chefes superiores que iam à frente dos vários corpos de guerreiros eram geralmente cavaleiros águias e tigres que recebiam diversos títulos como o de tlacatécatl "chefe de homens", tlacohcálcatl "senhor da casa das flechas".

As armas que se usavam eram principalmente as macanás, feitas de madeira com agudas pontas de obsidiana. Como uma prova de eficácia destas macanás pode-se recordar que durante a Conquista com elas de um só talho se cortou em mais de uma ocasião a cabeça de um cavalo. Outra arma sumamente usada era o atlatl, atiradeira ou lança-dardos, assim como os arcos e flechas de diversos tamanhos, as zarabatanas, assim como as várias classes de lanças principalmente com ponta de obsidiana. Para sua defesa usavam os guerreiros pré-hispânicos escudos de madeira ou tecidos de diversas classes de fibras, algumas vezes ricamente pintadas e adornadas com plumas. Igualmente empregavam uma espécie de armadura feita de algodão acolchoado, cuja utilidade era tão grande que alguns dos espanhóis, de imediato, substituíram suas armaduras de metal pelas indígenas de algodão.

Em ocasiões, alguns guerreiros levavam ainda diversas espécies de máscaras e cascos, feitos de peles de animal, nos quais se representavam as insígnias principalmente de águias e tigres e dos diversos graus militares. A guerra não podia iniciar-se sem praticar antes uma espécie de ritual. Consistia este no envio de certos escudos, flechas e mantas àqueles com os quais se ia lutar, fazendo-lhes saber por este meio que se prepararam à guerra. Precisamente este feito explica a surpresa dos astecas ao serem atacados subitamente pelos espanhóis, que residiam na qualidade de hóspedes dentro de sua capital, sem que existisse um só motivo que justificasse a luta e fosse inteiramente o que caberia chamar o ritual preliminar da guerra.

Educação pré-hispânica

Entre as instituições culturais que permitem melhor compreender o desenvolvimento dos antigos mexicanos estão seu sistema educativo e a posse de uma escritura e de sistemas calendários. Para os astecas, ao menos durante os cem anos que precederam a Conquista, a educação era universal e obrigatória. Todas as crianças astecas deviam assistir aos calmécac ou centros de educação especializada, ou aos telpochcalli, aos que acudia a maior parte do povo. Segundo parece, na cidade do México-Tenochtitlán existiam ao menos seis calmécac. Segundo os testemunhos indígenas, nestas escolas se transmitiam as doutrinas e os conhecimentos mais elevados, como eram os cantos divinos, a ciência de interpretar os códices, os conhecimentos calendáricos, a história e as tradições, a memorização de textos etc. Existindo em forma sistemática esta memorização de textos, foi possível, depois da Conquista, reduzir à escrita latina, mas em idioma indígena, muitos dos poemas e tradições que de outro modo teriam se perdido para sempre.

Ainda quando geralmente concorriam aos calmécac os filhos dos nobres e dos sacerdotes, de acordo com vários testemunhos históricos, em alguns casos podiam assistir crianças e jovens do povo, sempre que tivessem particular disposição para estes estudos.

Os telpochcalli, "casas de jovens", eram os centros de educação para a grande maioria do povo no mundo pré-hispânico. Quase todos os calpullis ou bairros tinham seu próprio telpochcalli. Os ditos centros de educação estavam consagrados ao deus Tezcatlipoca. Neles se transmitiam às crianças e aos jovens os elementos fundamentais da religião, da moral etc. Assim mesmo se adestravam ali os jovens nas artes da guerra. Comparados os telpochcalli com os calmécac, pode-se se dizer que os primeiros possuíam um caráter mais técnico e elementar. Como se disse antes, pelo menos na cidade de México-Tenochtitlán, todas as crianças frequentavam um destes tipos de centros educativos, já que ao nascer seus pais faziam promessa de enviá-las quando tivessem a idade adequada, que aparentemente flutuava entre os seis e os nove anos.

Escrita pré-hispânica

As culturas mais desenvolvidas do México antigo, principalmente a maia, mixteca, tolteca e asteca, chegaram a possuir sistemas próprios de escrita, como o mostram, entre outras coisas, suas inscrições na pedra e os códices de origem pré-colombiana que todavia se conservam. Pode-se dizer que foi a escrita maia a mais desenvolvida do México antigo.

Os sistemas de representação asteca e mixteca, distintos da escrita maia, possuíam caracteres ou glifos pictográficos, ideográficos e parcialmente fonéticos. Além da representação dos números e signos calendáricos, eram abundantes os glifos de caráter onomástico e toponímico. Especialmente nestes últimos se chegou à análise fonética de sílabas e ainda de algumas letras como é o caso do *a*, do *e* e do *o*, representadas pelo símbolo da água (a-tl), do feijão (e-tl), e de caminho (o-tli), respectivamente. Embora existam vários estudos sobre a escrita pré-hispânica, resta ainda um amplo campo para investigar, acudindo aos manuscritos indígenas tanto pré-colombianos como a primeira etapa da colônia, ou seja, do século XVI, quando ainda se conservava bastante pura a técnica pré-colombiana. Os livros indígenas, conhecidos geralmente como códices, estavam feitos de papel procedente de cortiça de figueira (*ficus petiolaris*). Como o provam, entre outros, os códices do chamado grupo Borgia, seu conteúdo era de caráter mitológico, religioso, calendárico e, em alguns casos, histórico.

Ao oferecer-se no presente livro o testemunho indígena da Conquista, se incluem precisamente não poucas ilustrações tomadas de alguns desses códices pré-hispânicos, nos quais, seguindo a antiga tradição, se preservou também a recordação do drama da Conquista

Calendário pré-hispânico

No mundo asteca, assim como em outros povos como os maias e mixtecas, existiam duas formas principais de calendário. Uma era o xiuhpohualli ou "conta do ano". Este calendário era formado por dezoito grupos de vinte dias que davam um total de 360, aos que se juntaram cinco mais, considerados como nefastos. Os grupos de vinte signos do calendário com seus respectivos numerais de 1 a 13 repetiam-se dezoito vezes até completar os 360 dias.

Como, apesar dos cinco dias que se agregaram ao fim, o calendário se ia adiantando em relação ao ano trópico, os sábios indígenas, segundo o testemunho de alguns cronistas, juntaram um dia mais a cada quatro anos, ao modo como se faz no calendário de tipo ocidental nos anos bissextos. No presente livro, com frequência aparecem datas em função deste calendário, indicando-se umas vezes o nome do grupo de vinte dias e outras o signo calendárico precedido de um numeral. Para sua compreensão, em nota se indica sempre o equivalente destas datas no calendário do tipo ocidental.

A segunda forma de calendário existente no México antigo era o tonalpohualli, ou "conta dos dias". Eram vinte grupos de treze dias, que davam um total de 260, e que ao relacionar-se com o ano de 365 dias não coincidiam numa mesma data idêntica até fechar-se "um ciclo indígena", formado por um período de 52 anos. Segundo parece, a finalidade principal do tonalpohualli era a de servir como uma espécie de almanaque ou calendário astrológico para determinar o caráter fasto ou nefasto dos diversos dias.

Literatura indígena

Os povoadores do México antigo, entre suas diversas criações culturais, deixaram um rico legado de caráter literário. Como já disse, os maias, os astecas e outros vários povos possuíram um sistema de representação de tipo pictórico, ideográfico e parcialmente fonético. Ainda se conservam alguns de seus códices ou livros de pinturas de procedência claramente pré-hispânica. Por outro lado, em seus antigos centros de educação, ou seja, nos calmécac e telpchcalli, se transmitiam e fixavam a memória destes tempos imemoriais, os cantos divinos, os mitos, as narrações épicas e outras formas de composição literária. Os conquistadores espanhóis destruíram durante o século XVII esses antigos sistemas educativos e reduziram a cinzas a maior parte dos códices e antigos livros de pinturas.

Mas, em contraste com esta atitude destruidora, alguns missionários excepcionais, como frei Andrés de Olmos, Bernardino de Sahagún, Diego de Durán e outros vários, se empenharam em recolher dos indígenas tanto seus antigos livros de pinturas como as tradições e cantos que em língua indígena haviam memorizado na época pré-hispânica. Reduziram o alfabeto castelhano, os antigos textos, recebidos dos lábios dos índios, recolheram um caudal sumamente grande dessas produções, consideradas com razão como literárias.

O sentido crítico que mostraram os recompiladores dos textos indígenas, principalmente no caso de

Sahagún, assim como o mesmo conteúdo dos textos, são a melhor prova de seu genuíno caráter pré-hispânico. Além desse grupo de missionários humanistas, empenhados em conhecer a antiga cultura, houve também indígenas, tanto entre os maias de Yucatán como entre os astecas da região central, que havendo aprendido o uso do alfabeto europeu se valeram dele para transcrever o idioma indígena, suas tradições, poemas, histórias e mitos antigos.

Hoje em dia se conservam nas bibliotecas da Europa e América não poucos desses manuscritos. No que se refere à literatura asteca, o dr. Ángel Ma. Garibay K., moderno iniciador destes estudos, mostrou a existência de mais de quarenta manuscritos no dito idioma nos quais pôde estudar-se a produção poética do tipo religioso, lírico, épico, dramático, assim como a prosa, os discursos didáticos, lendas, histórias etc., dos antigos mexicanos. Entre os manuscritos que contêm textos literários do México antigo ocupam lugar principal: os textos dos informantes indígenas de Sahagún (*Códices matritense* e *florentino*), a *Coleção de Cantos Mexicanos* da Biblioteca Nacional do México, os vários Huehuetlatolli ou "sermão dos velhos", vários deles na Biblioteca Nacional de Paris, os *Anais de Cuauhtitlan*, a história tolteca chichimeca, da *Coleção de Cantos* que se conserva na Universidade de Texas etc.

Continuando essa tradição pré-hispânica de caráter literário e histórico, alguns dos sábios sobreviventes à Conquista redigiram precisamente os textos cuja versão se oferece neste livro. Neles se conserva o testemunho de quem contempla com seus próprios olhos a Conquista e a destruição de sua própria cultura.

Não sendo possível nesta breve introdução referir-nos a outras muitas instituições culturais pré-hispânicas, entre as quais podem mencionar-se a organização sacerdotal, o culto aos deuses, as diversas formas de sacrifícios, as várias técnicas dos artistas, o modo como se levava a cabo o comércio, o tocante à sua alimentação, vestimenta etc., referimos ao leitor a bibliografia final, onde se mencionam algumas obras que tratam destes pontos.

A visão aqui exposta sobre a vida, o pensamento e a evolução cultural do México antigo mostra ao menos alguns dos aspectos fundamentais desse povo que experimentou na própria carne a tragédia da Conquista. Enquanto o mundo asteca parecia chegar ao mais alto de seu desenvolvimento, as expedições de Francisco Hernández de Córdova e de Juan de Grijalva já saqueavam pelas costas do Golfo. Na Sexta-Feira Santa de 1519, Hernán Cortez punha pé em terra firme uns quantos quilômetros ao norte do que hoje é a moderna cidade de Vera Cruz. As notícias recebidas por Cortez sobre a grandeza asteca motivaram-no a pôr-se em marcha para realizar a conquista do que se considerou ser um império fabuloso, em que o ouro e as pedras preciosas existiam em abundância.

A rota dos conquistadores

Em 18 de fevereiro de 1519, Hernán Cortez partiu da ilha de Cuba à frente de uma armada integrada por dez naves. Trazia consigo cem marinheiros, 508 soldados, dezesseis cavalos e 32 balestras, dez canhões de bronze e algumas outras peças de artilharia de curto calibre. Vinham com ele vários homens, que chegariam a ser famosos na Conquista do México. Entre eles estava Pedro de Alvarado, a quem os astecas tinham apelidado de Tonatiuh, "o Sol", por sua extraordinária disposição e pela cor ruiva de sua cabeleira. Vinha também Francisco de Montejo, que posteriormente conquistaria os maias de Yucatán; Bernal Díaz del Castillo e outros vários mais que consignaram por escrito a história dessa série de expedições.

Ao passar pela ilha de Cozumel, situada frente à península de Yucatán, Hernán Cortez recolheu a Jerónimo de Aguilar, que, como resultado de um naufrágio, havia permanecido ali junto com outro espanhol desde 1511 e havia aprendido a língua maia com bastante fluidez. Mais adiante, frente à desembocadura do Grijalva, teve lugar o primeiro encontro bélico entre os espanhóis e os indígenas. Feita a paz, entre outros presentes, lhes foram oferecidas vinte escravas índias, uma das quais, Malintzin (a Malinche), havia de desempenhar um papel de suma importância. Essa mulher falava a língua maia e a náhuatl. Graças à presença simultânea de Jerónimo de Aguilar e de Malinche, Hernán Cortez contava desde o princípio com um sistema perfeito para fazer-se entender com os astecas. Ele falaria em espanhol a Jerónimo de Aguilar, este a sua vez traduziria em maia com Malinche, e ela por fim se dirigiria diretamente em língua náhuatl aos enviados e emissários de Motecuhzoma, desde seus primeiros encontros nas cercanias da atual Vera Cruz.

Enquanto os cronistas espanhóis da Conquista se referem a seus primeiros contatos com a gente de Cempoala na costa do golfo, os cronistas indígenas tratam das mensagens enviadas a Motecuhzoma, informando-lhe da chegada desses homens brancos que vinham em umas barcas grandes como montes.

Uns e outros coincidem no que se refere ao envio de presentes por parte de Motecuhzoma a Hernán Cortez, tratando de persuadi-lo a se afastar dessas terras. Precisamente alguns desses presentes, em particular dois grandes discos, um de ouro e outro de prata, artisticamente gravados, seriam enviados à Espanha por Hernán Cortez ainda antes da queda de México-Tenochtitlán, como testemunho de sua lealdade a Carlos V. O célebre pintor alemão Albrecht Dürer (Durero) teve oportunidade de contemplar ditos objetos, deixando consignado em seu diário que "nunca havia visto trabalhos tão maravilhosos, que tanto encheram de satisfação seu próprio coração".

Em 16 de agosto de 1519, Hernán Cortez, que já havia ganho a confiança da gente de Cempoala, se pôs em marcha rumo a Tlaxcala e a México-Tenochtitlán. Detrás de si deixava um ajuntamento que havia sido batizado como Vila Rica de Vera Cruz. Cortez levava consigo quatrocentos peões, quinze ginetes, e seis peças de artilharia, algumas centenas de soldados e incontáveis carregadores indígenas que levavam os alimentos e os equipamentos.

Os textos indígenas falam da astúcia dos tlaxcaltecas que, valendo-se de um grupo otomí submetido a eles, quiseram pôr à prova a força militar dos espanhóis. Ao ver como estes eram facilmente vencidos pelos castelhanos, ficaram convencidos os tlaxcaltecas de que esses homens brancos possuíam armas superiores. Decidiram então aliar-se com eles, com a secreta esperança de ver derrotados seus antigos inimigos, os poderosos astecas. Assim, a 23 de setembro de 1519, os espanhóis entravam na capital dos senhorios tlaxcaltecas, Ocotelolco, ficando desde este momento convertidos em aliados dos mesmos.

A 14 de outubro do mesmo ano de 1519 teve lugar outro fato importante, sobre o qual diferem as versões indígenas e as dos próprios conquistadores. Se trata da matança perpetrada em Cholula por ordem de Cortez, que havia chegado a essa cidade submetida ao poderio asteca em companhia de seus aliados tlaxcaltecas. As crônicas espanholas afirmam que Cortez havia descoberto uma traição por parte da gente de Cholula. Segundo os indígenas, na realidade a traição foi perpetrada pelos espanhóis e por seus aliados tlaxcaltecas.

Por fim, em 8 de novembro de 1519, depois de atravessar os vulcões, Hernán Cortez e sua gente fizeram sua primeira entrada no México-Tenochtitlán, chegando pela calçada de Iztapalapa, que unia a cidade com a margem do lago pelo sul. Os textos indígenas são extremamente expressivos ao pintar o encontro de Motecuhzoma com Cortez em dita calçada, convertida hoje em dia em moderno viaduto na atual Cidade do México. Alojados os espanhóis nos palácios reais da cidade, puderam acautelar-se plenamente da grandeza e poderio desta.

Sua permanência na capital asteca teve um final trágico, devido ao ataque por traição perpetrado por dom Pedro de Alvarado, estando ausente Hernán Cortez, durante a grande festa de Tóxcatl, que se celebrou na data próxima à festa da Páscoa de Ressurreição do ano de 1520. Os textos indígenas que aqui se publicam relatam este episódio com tal força de expressão que bem parece um poema épico, espécie de Ilíada indígena.

Quando os espanhóis, em companhia de Hernán Cortez, que havia regressado, decidiram escapar da cidade, perderam mais da metade de seus homens, assim como todos os tesouros de que se haviam apoderado. Esta derrota sofrida pelos conquistadores que tratavam de fugir da cidade pelo rumo do poente, pela calçada de Tacuba, se conhece com o nome de "a noite triste", de 30 de junho de 1520.

Os espanhóis foram em busca de auxílio de seus aliados tlaxcaltecas e não foi somente quase um ano depois, ou seja, a 30 de maio de 1521, quando puderam dar princípio a um assédio formal de México-Tenochtitlán. Para isto concentrou Hernán Cortez mais de oitenta mil soldados tlaxcaltecas e reforçou suas próprias tropas espanholas com a chegada de várias outras expedições a Vera Cruz. Além disso, desde 28 de abril desse mesmo ano havia lançado à água treze bergantins que desempenhariam um papel muito importante nesse assédio da ilha.

As crônicas indígenas falam da forma como os espanhóis começaram a atacar a cidade a partir de 30 de maio de 1521. Referem as diversas incursões desses homens que em um princípio haviam sido tidos por deuses, mas que ao fim foram chamados "popolocas", palavra com que designavam os astecas aos bárbaros. Devido a que alguns desses documentos indígenas foram escritos por historiadores nativos da seção norte da cidade, ou seja do antigo Tlatelolco, com frequência se pondera neles o valor dos tlatelolcas sobrepujando o dos mesmos astecas.

Nas crônicas se fala também da eleição do jovem Cuauhtémoc, que havia sido escolhido como governante supremo, já que, morto Motecuhzoma, seu sucessor, o príncipe Cuitláhuac, havia também falecido vítima da epidemia da varíola que, trazida pelos espanhóis, causou tantas baixas entre os indígenas. Durante o reinado de Cuauhtémoc os fatos de armas se sucedem uns atrás dos outros e não se pode negar que houve atos de heroísmo por ambas as partes. Uma vez mais as crônicas indígenas voltam a falar com eloquência de um maravilhoso poema épico. Por fim, quase depois de oitenta dias de sítio, em uma data 1-Serpente, do ano 3-Casa, que corresponde a 13 de agosto de 1521, caiu a cidade de México-Tenochtitlán, e foi feito prisioneiro o jovem Cuauhtémoc. O que seguiu a Conquista relatam também as crônicas indígenas. Os "cantos tristes" que aqui se publicam mostram o trauma que deixou na alma asteca a destruição de sua cidade e de sua extraordinária cultura.

Tal é em breve síntese a sequência dos fatos que neste livro se apresentam, desde o ponto de vista dos vencidos. O estudo das relações indígenas da Conquista abre as portas a possíveis investigações de profundo interesse histórico. Esta antologia pretende oferecer ao leitor contemporâneo um dos mais valiosos testemunhos deixados por um povo que teve consciência da história e do valor de suas próprias criações culturais.

Na introdução geral a esta obra se oferece uma breve descrição da origem dos documentos indígenas que aqui se publicam, indicando-se o estado preciso em que atualmente se conservam. Em sua tradução, procurando ser o mais fiel possível, buscou-se também conservar sua força de expressão e seu profundo dramatismo. Além do valor histórico destas crônicas indígenas, pretende-se demonstrar seu valor como obra literária, capaz de transmitir uma mensagem de profundo sentido humano e universal.

Referências bibliográficas

Sem pretender oferecer uma bibliografia da Conquista, unicamente se mencionam aqui aquelas obras particularmente relacionadas com os textos publicados neste livro. Com um breve comentário se relacionam primeiro as principais fontes indígenas das quais procedem os documentos e ilustrações incluídas na presente obra. A seguir se apresentam as correspondentes referências bibliográficas sobre as principais crônicas e correspondências escritas pelos conquistadores, por frades missionários dos séculos XVI e XVII, assim como por outros escritores coloniais e finalmente por autores modernos e contemporâneos. Sendo muito abundantes as obras, estudos e artigos escritos sobre a Conquista, se incluem aqui tão somente as de maior importância e interesse para quem deseja aprofundar-se neste tema.

I. Principais textos e pinturas indígenas sobre a Conquista

Anais do México e Tlatelolco. Breve texto anônimo em náhuatl que abarca fatos ocorridos entre 1473 e 1521. Pertenceu a Botorini. Se conserva atualmente no Museu de Antropologia do México. Forma parte da coleção "Anales Antiguos de México y sus Contornos", compilados por José Fernando Ramírez. Existe a edição bilíngue (tradução muito deficiente de Porfirio Aguirre) publicada por Vargas Rea: *Qualli Amatl, Conquista de Tlatelolco*, México, 1950.

Anales Tepanecas (México-Azcapotzalco), 1426-1589, traduzidos do náhuatl por dom Faustino Galicia Chimalpopoca, em "Anales del Museo Nacional de México", t. VII, setembro e dezembro, 1900, pp. 49-74. Contém breves dados sobre a Conquista.

Anônimo, Manuscrito de Tlatelolco (1528), conservado na Biblioteca Nacional de Paris. Forma parte dos chamados por Boturini "Unos Anales Históricos de la Nación Mexicana". Edição em fac-símile de Ernst Mengin publicada no t. II do *Corpus Codicum Americanorum Medii Evi*, Copenhagen, 1945. A tradução para castelhano da parte relativa à Conquista que aqui se publica (capítulo XIV deste livro) foi preparada pelo dr. Garibay e incluída primeiro como um apêndice na edição da *História de Sahagún*. Porrúa, México, 1956, t. IV, pp. 167-185.

Existe assim mesmo uma versão ao alemão de Ernst Mengin publicada no *Baessler Archiv*, t. XXII, cadernos 2 e 3. Desta versão procede a deficiente tradução castelhana incluída na "Colección de Fuentes para la Historia de México", *Anales de Tlatelolco* e *Códice Tlatelolco*, Robredo, México, 1948.

Atlas ou Códice de Durán em *Historia de las indias de la Nueva España y Islas de Tierra Firme*, por frei Diego de Durán, México, 1867-80.

São cinquenta lâminas pintadas em papel europeu por indígenas do século XVI. Não obstante a influência espanhola na técnica das pinturas, conservam testemunhos de documentos indígenas mais antigos. Se incluem neste atlas ou códice cinco lâminas referentes à Conquista, desde a chegada dos espanhóis pelo mar até o assédio da capital asteca.

Cantares mexicanos ("Colección de Cantares Mexicanos"), Ms. do século XVI conservado na Biblioteca Nacional do México. Reprodução em fac-símile publicada por Antonio Peñafiel. Oficina Tipográfica da Secretaria do Fomento, México, 1904.

Este é um dos mais ricos repertórios de cantos em náhuatl. Dele procedem alguns icnocuícatl sobre a Conquista. O dr. Angel Ma. Garibay K. publicou uma seleção destes cantos, vertidos ao castelhano na *Poesia indígena de la altiplanície* (Biblioteca Estudiante Universitário, II), UNAM, 1940 (2ª ed., 1952). Outros vários destes cantos foram publicados também na *Historia de la literatura náhuatl* do mesmo autor, 2 vols., Porrúa, México, 1953-1954, assim como na *La filosofía náhuatl estudiada en sus fuentes*, por Miguel León-Portilla, Instituto Indigenista Interamericano, México, 1996.

Em 1957 publicou o Instituto Ibero-americano de Hamburgo a versão parcial em alemão deixada pelo desaparecido Leonhard Schultze-Jena: "Alta-aztekische Gesänge" em "Quellenwerke zur alten Geschichte Amerikas", vol. VI, Stuttgart, 1957.

Códice Aubin (o de 1576). *Histoire de la Nacion Mexicaine depuis le départ d'Aztlan jusqu'a l'arrivée des Conquérants espagnols*, E. Leroix editeur. Paris, 1893. Ver também "Colección de documentos para la historia de México", publicados por Antonio Peñafiel, México, 1903.

Códice florentino (Ilustrações), ed. facs., de Del Paso e Troncoso, vol. V, Madrid, 1905. Ainda que nestas ilustrações indígenas se perceba claramente a influência da técnica espanhola, as pinturas são a cópia de outras mais antigas nitidamente indígenas, algumas das quais se conservam todavia no *Códice Matritense del Real Palacio*, também editado em fac-símile por Del Paso e Troncoso, Madrid, 1906.

Códice florentino (Textos nahuas de los informantes de Sahagún), livros I, II, III, IV, V, VII, VIII e XII, publicados por Dibble e Anderson: *Florentine Codex*, Santa Fe, New Mexico, 1950-1957. O livro XII contém o texto náhuatl de 1585 dos informantes de Sahagún sobre a Conquista com versão em inglês pelos mencionados Dibble e Anderson. Há assim mesmo versão em alemão do dito texto preparada por Eduard Seler, em *Einige Kapitel aus dem Geschichtswerk des P. Sahagún aus dem Aztekischen ubersetzt von...* (Herausgegeben von C. Seler-Sachs in Gemeinschaft mit Prof. W. Lehmann), Stuttgart, 1927.

A única versão direta e completa do náhuatl ao castelhano foi publicada pelo dr. Garibay em *Historia general de las cosas de Nueva España*, por frei Bernardino de Sahagún, Editorial Porrúa, 4 vols., México, 1956. Ver t. IV, pp. 78-165.

Assim como no texto de 1528, os informantes de Sahagún, em sua maioria de Tlatelolco (no que toca à Conquista), exaltam o valor e ousadia dos tlatelolcas de maneira muito especial.

Códice Ramirez. "Relación del origen de los indios que habitan esta Nueva España, según sus historias". Editorial Leyenda, México, 1944.

Este documento parece ser um resumo fragmentário dos testemunhos indígenas coletados pelo jesuíta Juan de Tovar, durante o último terço do século XVI.
Entre os fragmentos que nele se incluem há textos de clara procedência indígena sobre a Conquista e vertidos ao castelhano. Por isso pode-se considerar, ao menos em parte, como uma fonte indígena.

Chimalpahin Quauhtlehuanitzin, Francisco de San Antón Muñon, Sixième et Septième Relations (1528-1612), publiées et traduites sur le manuscrit original par Rémi Siméon. Maisanneuve et Ch. Leclerc, Paris, 1889.

Chimalpahin, descendente dos senhores de Amecameca e Chalco, escreveu suas correspondências em náhuatl, apoiando-se em antigos testemunhos indígenas, a princípios do século XVII. Oferece vários dados de importância em relação com a Conquista e os fatos que a ela se seguiram.

Informantes indígenas de Sahagún, Historia de la Conquista. (Ver *Códice florentino*)

IXTLILXÓCHITL, Fernando de Alva: *Obras históricas*, 2 vols., México, 1891-1892.

Ixtlilxóchitl, descendente da casa real de Tezcoco, reuniu numerosos documentos e pinturas indígenas para escrever em náhuatl, ao menos em parte, suas cartas e sua *Historia chichimeca*. Até 1608 Ixtlilxóchitl submeteu suas obras à consideração do governador de Otumba e de outros vários anciões indígenas, que ao examinarem pinturas e textos, falaram que eram "muito certos e verdadeiros". Como indica Garibay (ver *Historia de la literatura náhuatl*, t. II, pp. 308-313), em numerosos fragmentos das obras de Ixtlilxóchitl "se traduz o fundo do escrito em náhuatl".

Ainda quando Ixtlilxóchitl defenda a atitude de seus antepassados tezcocanos, aliados de Cortez, pode-se afirmar que os testemunhos que apresenta ficam muitas vezes dentro do rótulo geral de Visão dos Vencidos, porque, como se escreveu na Introdução deste livro, "se é certo que os tlaxcaltecas e os tezcocanos lutaram ao lado de Cortez, não deixa de ser igualmente verdadeiro que as consequências da Conquista foram tão funestas para eles como para o resto dos povos nahuas: todos permaneceram submetidos e perderam para sempre sua antiga cultura".

Lienzo de Tlaxcala Antiguedades mexicanas, publicadas pela Junta Colombina de México no IV Centenário do Descobrimento da América, 2 vols., Oficina da Secretaria de Fomento, México, 1892.

Pintados o original e duas cópias nos meados do século XVI, na atualidade somente se conhece outra cópia muito posterior. Entre as oitenta ilustrações ou quadros há dados muito valiosos sobre a Conquista, interpretada pelos tlaxcaltecas que queriam assim testemunhar a ajuda que haviam prestado aos espanhóis.

Existe uma descrição escrita por Nicolás Faustino Mazihcatzin, Faustino, *Descripción del Lienzo de Tlaxcala*, com uma nota de F. Goméz de Orozco na *Revista Mexicana de Estudios Historicos*. Apêndice aos números 2 e 3 do 1.1, pp. S9-88. México, 1927.

MUÑOZ, Diego: *Historia de Tlaxcala*, Ed. Chavero. México, 1892. Ver também a mais recente 6ª edição cotejada por Lauro Roseli com a cópia existente no arquivo do Museu Nacional (México, 1948). Nesta obra, junto com o citado "Lienzo", o principal documento sobre os tlacaltecas e da Conquista vista por eles.

Sobre Muñoz Camargo, disse Beristáin na Biblioteca Americana Septentrional: "Muñoz Camargo (D. Diego), nobre mestiço tlaxcalteca, intérprete dos espanhóis e diligente investigador das antiguidades de sua pátria. Nasceu (disse Torquemada) nos primeiros anos da Conquista e morreu muito ancião. Escreveu a *Historia de la ciudad y república de Tlaxcala*".

Da obra de Muñoz Camargo, que mostra os fatos e atitudes dos tlaxcaltecas, aliados de Cortez, cabe dizer o mesmo que sobre os escritos de Ixtlilxóchitl: ainda que aliados dos espanhóis, os tlaxcaltecas se resignaram à mais trágica das derrotas, ao ver destruída sua civilização e cultura antigas.

TEZOZÓMOC, F. Alvarado: *Crônica mexicana*, ed. de Vigil, reimpresso pela Editorial Leyenda. México, 1944.

—: *Crônica mexicáyotl*, paleografia e versão ao espanhol de Adrián León. Imprenta Universitaria. México, 1949.

Ambas as obras de suma importância, escrita a primeira até 1598, e a segunda a princípios do século XVII. Oferecem dados tomados de manuscritos e pinturas antigas por Tezozómoc, descendente de nobres mexicanos. Sem oferecer uma história completa da Conquista, proporcionam numerosos detalhes sobre a mesma.

II. Principais relações e histórias da Conquista escritas por conquistadores, missionários e outros investigadores coloniais e modernos.

ACOSTA, Joseph de: *Historia natural y moral de las Indias*, Fondo de Cultura Econômica. México, 1940. (Em sua apresentação dos fatos da Conquista, segue em geral o texto de Tovar, *Códice Ramirez*, e de frei Diego de Durán, em sua *História*.)

AGUILAR, frei Francisco de: *Historia de la Nueva España*, 2ª ed. copiada e revisada por Alfonso Teja Zabre. Edições Botas. México, 1938.

AMAYA TOPETE, Jesús: *Atlas mexicano de la conquista*. Fondo de Cultura Econômica. México. 1958.

ARGENSOLA, Bartolomé Leonardo de: *La conquista de México*, Editorial Robredo. México, 1940.

BANCROFT, H.H.: *The Conquest of Mexico*. Nova York, 1883.

BRADEN, Charles S.: *Religious Aspects of the Conquest of Mexico*. Duke University Press, 1930.

CASAS, frei Bartolomé de las: *Brevisima relación de la destrucción de las índias*. Madrid, 1879.

—: *Historia de las Indias*, 2 vols. México, 1877.

CERVANTES DE SALAZAR, Francisco: *Crônica de la Nueva España*, t. I, Hauser y Menet. Madrid, 1914, t. II e III, Museu Nacional do México. México, 1936.

CLAVIJERO, Francisco Javier: *Historia antigua de México*, Colección de Escritores Mexicanos, 4 vols., Editorial Porrúa. México, 1945.

Colección de documentos para la historia de México, recompilados por Joaquin Garcia Icazbalceta. 2 vols. Imprensa particular do editor. México, 1858-1866.

CONQUISTADOR ANÔNIMO, *Relación de algunas cosas de la Nueva España y de la gran ciudad de Temestitan México*; escrita por un companero de Hernán Cortés, Edición Alcancia, México, 1938.

CONWAY, G.R.G.: *La Noche Triste*, Documentos: Segura

de la Frontera em Nueva España, ano de 1520, Garte Press, México, 1943.

CORTÉS, Hernán: *Cartas de relación de la conquista de México* (Cartas y relaciones al emperador Carlos V), Edic. de Gayangos. Paris, 1866.
Existem outras edições mais recentes: em *Cartas y relaciones de la Conquista de América*, Editorial Nueva España, s.f., México. Há uma edição econômica: Cortés, Hernán: *Cartas de relación de la conquista de México*, 3ª ed. (Colección Austral). Espasa-Calpe, Argentina, Buenos Aires-México, 1957. Em 1958 a srta. Eulalia Guzmán iniciou a publicação das mencionadas cartas. Ver *Relaciones de Hernán Cortés a Carlos V, sobre la invasión del Anáhuac*, esclarecimentos e retificações, por Eulalia Guzmán, T. I (Relaciones I e II). Livros Anáhuac, México, 1958.

CHAVERO, Alfredo: "Historia Antigua y de la Conquista", em *México a través de los siglos*: t.I, Ballescá, Espasa y Cia, México y Barcelona. s.f.

DIAZ DEL CASTILLO, Bernal: *Historia verdadera de la conquista de la Nueva España*, 3 vols., Robredo. México, 1939. Ver ainda a edição preparada por J. Ramirez Cabanas, 2 vols., Editorial Porrúa, 1955.

DORANTES DE CARRANZA, Baltasar: *Sumaria relación de las cosas de Nueva España*, com notícia individual dos descendentes legítimos dos conquistadores e primeiros povoadores espanhóis. Paleografia do original por José Ma. de Agreda y Sanchez. Imprensa do Museu Nacional. México, 1902.

DURÁN, frei Diego: *Historia de las Indias de Nueva España y Islas de Tierra Firme*, 2 vols. e Atlas, publicado por José E Ramirez. México, 1867-1880.

FERNANDEZ DE OVIEDO: *Historia general y natural de las Indias, Islas y Tierra Firme*, 4 vols. Madrid, 1851-1855.

GARIBAY K., Angel Ma.: *Poesia indigena de la altiplanicie*, "Biblioteca del Estudiante Universitário", número

II, México, 1940 (2ª Edição, 1952). (Contém vários icnocuícatl, "cantos tristes" da Conquista.)

—: *Historia de la literatura náhuatl*, Editorial Porrúa, 2 vols. México, 1953-1954. (Inclui numerosos dados sobre os textos indígenas sobre a Conquista, assim como versões de alguns destes textos).

GOMARA, Francisco López de: *História de la conquista de México*, introdução e notas de Joaquin Ramirez Cabanas. 2 vols., Editorial Robredo. México, 1943.

HERNANDEZ, Francisco: *De Antiquitatibus Novae Hispaniae*, Códice da Real Academia da História em Madrid, ed. facs., México, 1926. Há tradução castelhana de L. Garcia Pimentel, Editorial Robredo. México, 1945.

HERRERA, Antonio de: *Historia general de los hechos de los castellanos en las Islas y Tierra Firme del Mar Oceano*, Edição fac-similar do espanhol de 1726-30, 10 vols. Editorial Guaranía Assunção e Buenos Aires. 1745-47.

ICAZA, Francisco A. de: *Diccionario autobiográfico de conquistares y pobladores de Nueva España*, 2 vols. Madrid, 1923.

ILLESCAS, Gonzalo de: *Un capitulo de sua historia pontificial sobre la conquista de la Nueva España*. Editorial Robredo, México, 1940.

LEÓN-PORTILLA, Miguel: *La filosofia náhuatl*, estudada em suas fontes, Instituto Indigenista lnteramericano. México, 1956. (Se incluem as mais importantes seções dos célebres colóquios entre os sábios indígenas vencidos e os doze primeiros frades vindos a Nueva España).

MARTÍNEZ, Henrico: *Repertorio de los tiempos e historia natural de Nueva España*, Secretaria de Educación Pública. México, 1948.

MÁRTIR DE ANGLERÍA, Pedro: *Décadas del Nuevo Mundo*, Editorial Bajel. Buenos Aires, 1944.

MENDIETA, frei Jerónimo de: *Historia eclesiástica indiana*, 4 vols. Editorial Salvador Chávez Hayhoe. México, 1945 (Só contém algumas referências sobre a Conquista).

MOTOLINÍA, frei Toríbio: *Historia de los indios de la Nueva España*, Editorial Salvador Chávez Hayhoe. México, 1941. (Contém somente algumas menções sobre fatos da Conquista).

OROZCO Y BERRA, Manuel: *Historia antigua y de lo conquista de México*, 4 vols., Y Atlas. México, 1880.

PEREZ DE OLIVA, Fernán: "Algunas Cosas de Hernán Cortez e México", em *La Conquista de Mexico*, por Bartolomé Leonardo de Argensola, pp. 333-357, Editorial Robredo. México, 1940.

PRESCOTT, William: *History of the Conquest of Mexico*, Ed. John Foster Kirk, Ruskin House, Museum St. London, 1949.

RICO GONZALEZ, Victor: *Hacia un concepto de la conquista de México*, Instituto de Historia. México, 1953.

SAHAGÚN, frei Bernardino de: *Historia general de las cosas de Nueva España*, Edición Bustamante, 3 vols. México, 1829. Edic. Robredo, 5 vols. México, 1938. Edic. Acosta Saignes, 3 vols. México, 1946. Edición Porrúa, preparada pelo dr. Garibay, 4 vols., 1956.

SOLÍS, Antonio de: *Historia de la conquista de México, población y progressos de la América Septentrional conocida por el nombre de Nueva España*, 2 vols. Imprensa de I. Paz México. 1889-95.

SUÁREZ DE PERALTA, Juan: *Tratado del descubrimiento de las Indias.* (Noticias históricas de Nueva España). Secretaria de Educación Pública. México, 1949.

Sumario de la residencia tomada a don Fernando Cortés gobernador y capitán general de la NE. y a otros gobernadores y oficiales de la misma, paleografado do original pelo licenciado Ignacio López Rayon. 2 vols. Tipografia de Vicente Garcia Torres. México, 1852-53.

TAPIA, Andrés de: "Relación sobre la conquista de México", em *Colección de Documentos para la Historia de México*, publicada por J.G. Icazbalceta, t. II, México, 1866. Se inclui também em *Crónicas de la Conquista*, publicadas por Augustín Yanez, "Biblioteca del Estudiante Universitário", n. 2, 2ª Ed., UNAM. México, 1950.

TORQUEMADA, frei Juan de: *De los veinte y un libros rituales y monarquia indiana*, 3 vols., fotocópia da 2ª ed. Madrid, 1723.

TOVAR, Juan de, S.J.: *Historia de los indios mexicanos* (Códice Ramirez), México, 1944.

VAZQUEZ DE TAPIA, Bernardino: *Relación del conquistador...*, publicada por Manuel Romero de Terreros. Editorial Polis. México, 1939.

VEYTIA, Mariano: *Historia antigua de México*, 2 vols. Ed. Leyenda, México, 1944.

YANEZ, Augustin: *Crónicas de la conquista,* "Biblioteca del Estudiante Universitário", n. 2, UNAM, 2ª ed. México, 1950. Contém integralmente o "Itinerário de Juan de Grijalva", a "Relación de Andrés de Tapia", assim como a crônica maia de *Chac-Xulub-Chen*. Oferece assim mesmo algumas seleções das *Cartas de relación de Cortés*, e da *Historia* de Bernal Díaz del Castillo.